MINHA ALMA CONTA O PEQUENO PRÍNCIPE

Editora Appris Ltda.
1ª Edição - Copyright© 2022 da autora
Direitos de Edição Reservados à Editora Appris Ltda.

Nenhuma parte desta obra poderá ser utilizada indevidamente, sem estar de acordo com a Lei n.º 9.610/98. Se incorreções forem encontradas, serão de exclusiva responsabilidade de seus organizadores. Foi realizado o Depósito Legal na Fundação Biblioteca Nacional, de acordo com as Leis nᵒˢ 10.994, de 14/12/2004, e 12.192, de 14/01/2010.

Catalogação na Fonte
Elaborado por: Josefina A. S. Guedes
Bibliotecária CRB 9/870

F866m
2022
	Eli, Dora
	  Minha alma conta o pequeno príncipe / Dora Eli.
	  - 1. ed. – Curitiba: Appris, 2022.
	    121 p. ; 23 cm. – (Artêra).
	
	   Inclui bibliografias
	   ISBN 978-65-5820-082-6
	
	   1. Psicologia. 2. Simbolismo na literatura. I. Título. II. Série.
	
	                                    CDD – 869

Livro de acordo com a normalização técnica da ABNT

Appris editora

Editora e Livraria Appris Ltda.
Av. Manoel Ribas, 2265 – Mercês
Curitiba/PR – CEP: 80810-002
Tel. (41) 3156-4731
www.editoraappris.com.br

Printed in Brazil
Impresso no Brasil

DORA ELI

MINHA ALMA CONTA
O PEQUENO PRÍNCIPE

FICHA TÉCNICA

EDITORIAL
Augusto V. de A. Coelho
Marli Caetano
Sara C. de Andrade Coelho

COMITÊ EDITORIAL
Andréa Barbosa Gouveia (UFPR)
Jacques de Lima Ferreira (UP)
Marilda Aparecida Behrens (PUCPR)
Ana El Achkar (UNIVERSO/RJ)
Conrado Moreira Mendes (PUC-MG)
Eliete Correia dos Santos (UEPB)
Fabiano Santos (UERJ/IESP)
Francinete Fernandes de Sousa (UEPB)
Francisco Carlos Duarte (PUCPR)
Francisco de Assis (Fiam-Faam, SP, Brasil)
Juliana Reichert Assunção Tonelli (UEL)
Maria Aparecida Barbosa (USP)
Maria Helena Zamora (PUC-Rio)
Maria Margarida de Andrade (Umack)
Roque Ismael da Costa Güllich (UFFS)
Toni Reis (UFPR)
Valdomiro de Oliveira (UFPR)
Valério Brusamolin (IFPR)

ASSESSORIA EDITORIAL
Alana Cabral

REVISÃO
Andrea Bassoto Gatto

ASSISTENTE DE EDIÇÃO
Marinete Veloso

PRODUÇÃO EDITORIAL
Gabrielli Masi

DIAGRAMAÇÃO
Andrezza Libel

ILUSTRAÇÕES
Marina Frúgoli

TRATAMENTO DE IMAGENS
Wagner Fernandes

COMUNICAÇÃO
Carlos Eduardo Pereira
Débora Nazário
Kananda Ferreira
Karla Pipolo Olegário

LIVRARIAS E EVENTOS
Estevão Misael

GERÊNCIA DE FINANÇAS
Selma Maria Fernandes do Valle

COORDENADORA COMERCIAL
Silvana Vicente

À minha mãe (in memoriam)

Às minhas eternas crianças: Rafael, Mariana, Daniel, Júlia e André

AGRADECIMENTOS

Meu muito obrigada:

À minha família, que esteve comigo nesta trajetória.

Ao meu pai, pelo retorno.

À minha orientadora, Claudia Moretti Gadotti, pela atenção e valiosas recomendações.

À minha confraria, cuja amizade e presença dão alma à vida: Ana Luísa Ribeiro, Ana Maria Cordeiro, Elaine Franzini e Giselda Lima.

À minha turma de formação, companheiras de jornada: Beatriz Vero, Beatriz Vidigal Barbosa de Almeida, Christina Marcondes Morgan, Maria Cristina Gurgel Marrey, Deusa Rita Tardelli Robles, Isabel Cristina Ramos de Araújo, Fernanda Moreira, Luana Morelli de Luccia, Luísa Oliveira, Maria Marta Bandeira de Mello Burti e Simone Castilho.

A Maria Zélia de Alvarenga, minha atenta mestra e amiga.

Aos amigos, pelo apoio e pelo carinho, manifestados em todas as fases deste livro.

A Célia Brandão, pela caminhada de alma.

Aos meus pacientes, pelas dádivas no processo analítico.

A Marinete Veloso, por sua dedicação, pela leitura atenta e sugestões.

A Ana Maria Cordeiro, fiel interlocutora nas reflexões de gestação e no parir desta obra.

SÍMBOLOS PLENOS DE LIRISMO

O Pequeno Príncipe é um patrimônio da humanidade. Um conto conhecido mundialmente, que se mantém entre as obras mais vendidas e lidas desde que foi publicado, em 1943.

A força de sua narrativa inspirou-me a desenvolver uma monografia que apresentei à Sociedade Brasileira de Psicologia Analítica para obtenção do título de Analista Junguiana. Atingido o objetivo, a etapa seguinte foi transformá-la neste livro, em que tomei a liberdade de fazer algumas modificações e atualizações em relação à tese original, de maneira a adaptá-la a este formato. Aqui estão minhas leituras dos símbolos emergentes da fábula, bem como de cada encontro do príncipe em sua jornada.

Nele, faço uma abordagem da gesta heroica dos protagonistas, das demandas da *anima*, da criança divina e do processo de individuação. Acima de tudo, procurei preservar a poesia do livro, pois minha alma se alegra com a doçura e o lirismo nele existentes.

A autora

PREFÁCIO

– Por favor, desenha-me um carneiro!

Assim começa o diálogo entre o piloto e o menino na fábula *O Pequeno Príncipe*. Esse pedido soa estranho, o piloto resiste, mas o menino está inflexível; atender ao mistério do encontro se mostra inevitável.

Da mesma forma misteriosa e inflexível, Dora anuncia que sua monografia de conclusão da formação como analista junguiana na Sociedade Brasileira de Psicologia Analítica (SBPA) é a leitura simbólica do livro *O Pequeno Príncipe*. Em um primeiro momento, sua escolha foi questionada e, em certo sentido, até desmerecida, já que esse livro, para alguns desavisados, é uma obra menor, "leitura de miss", e outros preconceitos.

Mas ela não desistiu e mergulhou de coração no trabalho de compreender essa fábula e o fascínio exercido por ela.

Dora procurou conhecer ao máximo a biografia do autor na tentativa de entender a criatura criada por ele. Saint-Exupéry, o piloto poeta, teve uma vida intensa, sofreu vários golpes tanto no seu corpo quanto em sua alma. Lutou para ser aviador, lutou na Segunda Guerra, foi pioneiro do correio aéreo. Um aventureiro por definição, ao mesmo tempo audaz, delicado e sensível.

No entanto, tentar entender o Pequeno Príncipe apenas como resultado das experiências do autor seria mutilar a universalidade da obra. Uma personagem com tal penetração e representatividade no mundo fala com e para todos os homens.

O poeta, nesse caso, foi o veículo, atendendo a demandas pessoais e coletivas. E deu vida a uma fábula que conquistou o mundo, traduzida em 80 idiomas e tornando-se a obra de ficção mais vendida até o momento.

Os personagens centrais da narrativa são dois: o piloto e o príncipe. Todo o enredo refere-se ao encontro deles, tendo o deserto como pano de fundo. O deserto é um dos personagens da fábula, que situa os amigos e permite a experiência única da presença dos extremos. Vida e morte caminhando integralmente unidas. No deserto tudo é extremo, no deserto o outro é inegavelmente vivível. No deserto eles conversam e passam por transformações profundas.

O menino conta suas aventuras. Explica que saiu de seu pequeno planeta por conta da aparição de uma flor – a Rosa. Passa por vários planetas e em cada um encontra uma personagem emblemática.

Chega à Terra procurando por homens ou, mais especificamente, procurando um amigo. Não os encontra, vê-se sozinho, mas persiste em seu intento. Conhece a Serpente, com quem faz um pacto de morte. Conhece a raposa, com quem aprende coisas importantes sobre vínculo, essência e relacionamento.

Dora mergulhou fundo em cada uma dessas passagens, não deixou de fora nenhuma imagem, uma vez que nada na fábula lhe parece aleatório.

Por fim, os dois amigos estão juntos, no deserto, sem água. Encontram um poço que lhes devolve a vida, mas que marca também o início do fim da jornada.

O diálogo final do homem e do menino é belo, intenso e melancólico. Cheio da tristeza que percorre as despedidas e assinala a presença de um grande amor. O menino se vai e deixa com o piloto a leveza e o brilho da criança que fora outrora.

Assim como o Pequeno Príncipe percorreu uma trajetória heroica que o transformou imensamente, Dora percorreu um longo caminho até a conclusão deste livro.

Dora Eli andou pela fábula com delicadeza e profundidade.

Costurou com maestria a poesia e a teoria junguiana.

Produziu um texto com alma e para a alma.

Ana Maria Cordeiro

*Psicóloga,
analista junguiana pela Sociedade
Brasileira de Psicologia Analítica (SBPA)
e membro da Internacional
Association for Analytical Psychology (IAAP).*

APRESENTAÇÃO

Há momentos em que nós todos, de um modo ou de outro, temos de ir a um lugar aonde nunca fomos e de fazer o que nunca fizemos. O mito trata do desconhecido; fala a respeito de algo para o que inicialmente não temos palavras. Portanto, o mito contempla o âmago de um imenso silêncio.

Karen Armstrong[1]

Sempre fui fascinada pela história do livro *O Pequeno Príncipe*, de Antoine de Saint-Exupéry. As personagens e suas falas me encantaram na infância e me encantam até hoje, a ponto de eu ter estabelecido com o texto uma relação de sentimento, principalmente em frases sobre amizade e vínculos. Na verdade, fui tocada pelas metáforas nele contidas. Quando li pela primeira vez a frase "O essencial é invisível para os olhos", veio-me a dúvida sobre se eu sabia realmente o que ela significava.

A inocência e sua perda, a solidão, a busca de respostas, a perplexidade diante dos enigmas da vida e suas relações, a morte e a separação são temas universais presentes na obra e na psique de todos. A fábula passa a ser um roteiro de compreensão das realidades vividas pelos homens. O livro de Saint-Exupéry é completamente atemporal e se conecta com o que somos como seres humanos.

Ao longo da vida, contos e fábulas sempre me seduziram. A história do Chapeuzinho Vermelho permeou meus primeiros anos de infância. Gostava de ouvir repetidamente a mesma sequência de fatos e sentimentos, embalados pela música "pela estrada afora eu vou bem sozinha...". E, assim, eu ouvia uma, duas, três, tantas quantas fossem possíveis, até o sono vir.

Episódios como a tarefa de levar a cesta de doces para a vovozinha, andar pela floresta, fazer outro caminho desobedecendo às orientações da mãe, o medo do lobo mau que estava à espreita, a chegada à casa da vovó, o diálogo com o lobo transvestido de avó, o perigo iminente de ser devorada e a chegada do caçador, eu sabia de cor.

---

[1] ARMSTRONG, K. *Breve história do mito*. São Paulo: Companhia das Letras, 2005.

E o mais aterrorizante era o barulho da serra para tirar a avó da barriga do lobo. Os sentimentos de Chapeuzinho, eu os vivia à medida que os fatos se sucediam, quais eram, contentamento pelo encontro com a avó, o atrevimento na transgressão da orientação que ela havia lhe dado, o medo pela caminhada na floresta e pela ameaça do lobo devorador, a alegria pelo final feliz.

Outra personagem que sempre me impactou foi Joana D'Arc. Uma mulher que morreu por seus ideais, que preferiu a fogueira a trair sua alma. Em minha autobiografia, feita para o ingresso na Sociedade Brasileira de Psicologia Analítica (SBPA), falo sobre a presença dela em minha vida:

> Na montagem do meu consultório me apaixonei por um quadro do pintor Edgar Vegaz, que se chama Joana D'Arc. É um quadro em tons quentes; tem uma silhueta levemente andrógina nua, de costas, à esquerda. Tem também uma outra figura de frente, vestida com uma armadura medieval, composta de peças sobrepostas como pétalas, ou escamas brancas. Essa figura empunha na mão esquerda uma espada e o braço direito levantado, a um só tempo protege o rosto e uma cruz igualmente branca. O elmo é feminino e a região do pescoço ostenta um vermelho vivo. O rosto apenas insinuado parece pedir para ser olhado com atenção, o que de fato acontece. Entre uma figura e a outra há um muro, ou uma coluna, como vértebras, que trazem a ideia de um ferimento.

> Esse quadro me seduziu tão intensamente que eu o trouxe à minha sala de trabalho. Ele retrata o que eu entendo, até hoje, como meu mito pessoal: uma guerreira que paga o preço de enfrentar batalhas, que paga o preço de escolher um caminho pessoal e contrário ao caminho supostamente fácil do coletivo. Que a um só tempo corre o risco de se perder na gesta heroica, mas também enfrenta a possibilidade de descobrir-se única.

> O quadro está ali para me lembrar de que no meu caminho existem espada, cruz, fragilidade, paixão, busca da justiça,

solidão, necessidade de afeto, acolhimento, beleza e a busca de voltar-me para meu íntimo.[2]

Chapeuzinho Vermelho e Joana D'Arc parecem incompatíveis, mas, por alguma razão misteriosa, povoam meu imaginário há anos. Uma fala da infância, da inocência, da necessidade de proteção e de vínculos familiares. A outra é mais presente em minha fase adulta, a da guerreira solitária, cujo vínculo maior é com a lealdade a seus princípios e com a fé na proteção divina. Procuro entender o Pequeno Príncipe nesse processo e sua relação entre as diferentes demandas da minha alma.

Desde o primeiro ano da formação, quando comecei a pensar na construção do que seria minha monografia, fui conquistada por esse pequeno menino de cabelos dourados. Ele se apresentou de repente e não aceitou sair de cena. Escutei várias opiniões contraditórias, baseadas em uma ideia preconceituosa que colocava esse precioso livro entre obras menores, como se apenas pessoas pouco inteligentes e cultas pudessem apreciá-lo. Quase desisti, mas ele voltava e me pedia para vê-lo, para dialogar com ele, para compartilhar meu olhar de analista com sua poesia.

Chapeuzinho e Joana D'Arc são muito diferentes, quase contrárias. A menina vem com a transgressão e a proteção dos adultos; a guerreira vem com o desamparo. Entendo que o Pequeno Príncipe faz a união, simboliza a ponte entre essas expressões de alma. Ele se apresentou a mim como uma nova tarefa a cumprir. Nem só menina, nem só guerreira, mas como um menino que faz sua trajetória por muitos territórios diferentes e instigantes.

Para mim ficou claro que, sem contemplar meu mito pessoal, a tarefa de escrever a monografia e encontrar a síntese entre duas figuras femininas e o menino dourado seria árdua e árida. E, pelo fascínio que essas personagens me provocavam, concluí ser imperioso refletir sobre elas e, especialmente, no lugar de vínculo que o Pequeno Príncipe teimava em ocupar.

O mito parecia-me ter um sentido, que eu não captaria se vivesse fora dele [...]. Eu me senti compelida a perguntar-me com a maior serie-

---

[2] FREITAS, D. E. M. *Autobiografia*. São Paulo: SBPA, 2009.

dade: "O que é o mito que você vive?" [...]. Veio-me então, naturalmente, a decisão de conhecer "meu mito". E considerei isto como tarefa por excelência, pois – assim eu me dizia – como poderei prestar contas de meu fator pessoal, de minha equação pessoal, diante de meus pacientes, se nada sabia a respeito, e sendo isso, no entanto, tão fundamental para o reconhecimento do outro? Eu precisava saber que mito inconsciente e pré-consciente me moldava, isto é, de que rizoma eu provinha.[3]

Assim como Jung, decidi penetrar no âmago desse mistério, mergulhar nas areias sem fim do deserto da alma e descobrir o diálogo possível entre os mitos e suas expressões simbólicas. Contei, para tanto, com o singelo e o simples que as verdades profundas encerram: *O Pequeno Príncipe* permite isso, além de convidar para uma viagem heroica.

Inicialmente, apresento um perfil de Saint-Exupéry, com dados biográficos baseados, principalmente, em Sheila Dryzun, mas também em outros autores e nos apêndices das edições do livro lançadas em 2015, quando *O Pequeno Príncipe* se tornou obra de domínio público. Em seguida, há um resumo do livro, para, então, entrarmos na leitura simbólica de cada momento do conto. Passearemos pelo encontro do menino com o piloto, pelos relatos das visitas aos planetas, as conversas com a serpente e a raposa, os diálogos entre a criança e o adulto, e a partida do menino para rever sua Rosa.

Minha alma conta *O Pequeno Príncipe*.

Convido você a vir comigo.

Dora Eli

Março 2022

---

[3] JUNG, C. G. *Símbolos da transformação*. 4. ed. Petrópolis: Vozes, 1973. p. XV.

VIVÊNCIA QUE TRAZ MEMÓRIAS E CRIA IMAGENS

O Pequeno Príncipe foi um dos tantos livros que meu pai leu para mim durante a infância. Tenho uma memória viva da imagem do acendedor de lampião. Certamente, foi o personagem que mais me marcou. É provável que eu tivesse muito medo de que minha vida se transformasse em algo semelhante à dele, numa obediência cega a normas sociais autoimpostas. Na verdade, esse medo ainda existe.

O convite que recebi da Dora para ilustrar este livro foi prazeroso e desafiador. Como criar uma imagem nova, mas ao mesmo tempo reconhecível, de um personagem tão presente no imaginário popular? Talvez, apenas os cabelos loiros, roupa verde e seu cachecol esvoaçante fossem o suficiente para reconhecê-lo. Assim, decidi não lhe dar uma face. "Desrostificado", o principezinho sai numa jornada pela busca de si.

Busquei construir uma atmosfera de trabalho que promovesse uma volta ao meu estado infantil, aquele em que a falta de domínio técnico gera um estado sem julgamentos, de livre expressão. Recorri, então, a uma técnica gráfica que me remete à infância: a colagem. Nada de linha, traço, sombra e textura, elementos que aprendi, durante a faculdade de Arquitetura, a ter domínio e controle. Vi-me rodeada de papéis coloridos, tesoura e cola em bastão. Tal como uma criança, permiti-me criar sem medo de errar.

O processo de criação envolveu constantes leituras e releituras – tanto do texto original de Saint-Exupéry quanto do presente livro. Procurei, nas prazerosas descrições que Dora faz de cada personagem, características que pudessem ser apresentadas visualmente. Encontrei sentimentos que poderiam ser expressos por meio de gestos corporais: a mão vermelha e punitiva do empresário, o peito aberto e orgulhoso do vaidoso em seu minúsculo planeta, a postura caída e desolada do bêbado, o corpo retraído e amedrontado do pequeno príncipe ao reencontrar a serpente... Assim, entrei em contato com a vivência individual de cada um dos personagens. O resultado aqui apresentado foi uma síntese subjetiva entre os desenhos de Saint-Exupéry, as análises de Dora e a forma como todas essas metáforas de sentimentos se manifestaram em minha alma.

Marina Frúgoli

Curadora com formação em Arquitetura e Urbanismo pela FAU USP

SUMÁRIO

SAINT-EXUPÉRY, UMA VIDA DENSA E EFÊMERA 21

MAGNETISMO E ENCANTAMENTO 33

O PLANETA ENIGMÁTICO 37

JORNADA RUMO AO DESCONHECIDO 43

    O delírio do poder 45

    Futilidade ilusória 47

    O ciclo sem fim 51

    Sem espaço para o prazer 55

    O acendedor de estrelas 57

    Descobrindo-se finito 61

TERRA, A FONTE GERADORA DE TUDO 65

    O pacto irreversível 67

    Ao sabor dos ventos 71

    Ecos da solidão 73

    Percepções transformadoras 75

    Cativar, uma dinâmica do encontro 78

    Imaginação à deriva 87

O SENTIDO OCULTO DAS COISAS 89

    Correlação de significados 93

    Diálogo sem palavras 97

    Sorriso como legado 99

A ALMA DA TEORIA, A TEORIA DA ALMA 107

AO ENCONTRO DA REDENÇÃO 115

REFERÊNCIAS 119

SAINT-EXUPÉRY, UMA VIDA DENSA E EFÊMERA

Um piloto-herói?
Um mágico encantador de plateias mouras no deserto do Saara?
Um talento burlesco que interpretava Debussy rolando laranjas
pelo teclado do piano?
Escritor de livros para misses?
Um trovador-aventureiro, criticado durante a Segunda Guerra
Mundial tanto pelo regime de Vichy quanto por De Gaulle? Um
sedutor, um inventor, um humanista?
Um poeta que embalou docemente um planeta?[4]

Sheila Dryzun

Escritor, poeta, aviador e repórter, Antoine de Saint-Exupéry nasceu em Lyon, França, no dia 29 de junho de 1900. É o terceiro filho de um total de cinco do conde Jean Saint-Exupéry e da condessa Marie de Fonscolombe. De origem aristocrática, sua descendência provém de uma linhagem do século V.

Em 1907, seu pai sofre um derrame cerebral e morre. Sua mãe, viúva, então com 28 anos, vai morar com os filhos na propriedade de seu pai, na Provença, no castelo de La Molle. Marie tinha dotes artísticos: tocava piano, escrevia poesias e pintava. Esmerou-se em passar para os filhos essa educação. Saint-Exupéry aprende a tocar violino e dedica-se também ao desenho. Isso explica seu talento em ilustrar *O Pequeno Príncipe*.

> [...] Os desenhos de Saint-Exupéry não são do tipo que convida os observadores a enxergá-los com o olho do artista. Tampouco são, do ponto de vista técnico, obras feitas a cinzel ou perfeitamente construídas. Esses desenhos sem igual d'O Pequeno Príncipe se impõem como momentos milagrosos que cristalizam, de forma visível, o próprio espírito do autor.[5]

---

[4] DRYZUN, S. *Antoine de Saint-Exupéry e o Pequeno Príncipe*. São Paulo: Pedran'água, 2009.
[5] MIYAZAKI, H. Prefácio. *In: Rascunhos de uma vida*. Saint-Exupéry, 2012. p. 4.

Com o falecimento do avô, a família se muda para um castelo em Saint-Maurice-de-Rémens, a quarenta quilômetros de Lyon, que pertencia à sua tia-avó, a condessa Tricard. Nos imensos jardins do imóvel, Saint-Exupéry e seus irmãos desfrutam dos dias mais belos de suas vidas. Referindo-se a esse momento, o autor diz: "Sou da minha infância como de um território".

Próximo dali, em uma localidade chamada Amberieu-en-Bugey, ousados pilotos faziam experimentos com modelos recentes de avião. Saint-Exupéry fica tão fascinado por aquelas máquinas, engenhocas, hangares e suas oficinas, que esse se torna seu local preferido para frequentar.

Em 1912, aos 12 anos, faz seu batismo no ar, ao voar pela primeira vez no aeródromo de Amberieu-en-Bugey. Fica tão encantado com a experiência que escreve um pequeno poema sobre aviões:

> As asas tremiam sob o sopro da noite.
> O motor com seu canto, acalentava a alma adormecida.
> O sol nos tocava com sua cor esmaecida.[6]

Em 1914, tem início a Primeira Guerra Mundial, que trouxe tempos muito difíceis para toda a Europa. Nesse período, Saint-Exupéry vai para uma escola na Suíça, próxima à fronteira da França.

Em 1917, seu irmão, de apenas 15 anos, morre, vítima de reumatismo infeccioso. Essa perda dolorosa marcou-o profundamente e, anos mais tarde, ele falaria sobre o ocorrido em seu livro *Piloto de Guerra*. Com o fim do conflito, Saint-Exupéry vai para Paris a fim de se preparar para a Escola Naval, mas após duas tentativas malogradas, inscreve-se como ouvinte no curso de Arquitetura, na Escola Nacional Superior de Belas Artes. Boemia, distrações diversas e fraco desempenho mostram-lhe que esse não seria o seu caminho.

Nessa temporada em Paris conhece as aventuras da vida em sociedade. Na convivência com famílias renomadas, conhece seu primeiro grande amor, Louise de Vilmorin, uma moça rica e cortejada por muitos pretendentes. Saint-Exupéry sai vencedor nessa disputa e

---

[6] DRYZUN, 2009, p. 13.

fica noivo de Louise. Paris vive a *Belle Époque* dos anos 1920, período de muita efervescência nas artes e nos costumes. Faz amizades com escritores famosos, artistas e intelectuais, entre eles, seu futuro editor, Gaston Gallimard. Mas o sonho de pilotar aviões continua a persegui-lo.

Em 1921 é convocado para o serviço militar, incorporado no segundo regimento de aviação na cidade de Strasbourg. Fica entusiasmado, porque acredita que seu desejo de voar se concretizaria ali. Porém, devido aos seus conhecimentos de mecânica, deixam-no trabalhando na oficina, consertando aviões. A decepção foi tão grande que, por iniciativa própria, decide matricular-se em um curso de aviação para obter seu brevê. Assim o faz, mas logo se desencanta com o curso, pois achava as aulas teóricas tediosas. Impaciente e aborrecido, desiste do curso. Mesmo sem as aulas de pouso, resolve decolar por sua conta e risco, porém sua aterrissagem é desastrosa. Além de se ferir, as autoridades policiais levam-no preso por duas semanas.

Finalmente, no ano seguinte, consegue seu tão almejado brevê de piloto e recebe a patente de subtenente. Em 1923, devido a um grave acidente, é dispensado do Exército. Desse momento em diante, Saint-Exupéry vivencia as mais diversas experiências na aviação. Seu sonho havia se concretizado, mas outros problemas viriam.

Os pais de sua noiva Louise não concordavam que ela se unisse a um piloto, profissão considerada à época perigosa e incerta. Além disso, consideravam-no um tipo provinciano, sem muitos atrativos. Para obter a aceitação da família da noiva, Saint-Exupéry deixa a aviação e arranja empregos que nada falam à sua alma. Apesar dos esforços que ele fez para manter o relacionamento, Louise rompe o noivado. Em 1924, Saint-Exupéry desiste de seu trabalho como representante comercial em uma fábrica de caminhões e passa a escrever assiduamente textos em poesia e em prosa.

Em 1926, vai trabalhar na Latécoère, uma antiga fábrica de trens e armamentos que, depois da guerra, passou a construir e vender aviões. No ano seguinte, a empresa é vendida a um investidor francês radicado na Argentina e passa a chamar-se Compagnie Générale Aéropostale (CGA). Bem-sucedida, ela se tornaria a primeira companhia de correio aéreo do mundo, empregando pilotos lendários, entre eles o próprio Saint-Exupéry, que percorriam as mais longas rotas da época.

Na Latécoère, a primeira missão de Saint-Exupéry é fazer o correio postal entre as cidades de Toulouse, na França, e Dakar, na África; logo depois, sua rota passaria a ser Alicante, na Espanha. O dia a dia na empresa era estafante, de muito trabalho e rigorosa disciplina. Além disso, a empresa exigia que seus pilotos se especializassem também em mecânica, porque saber consertar aviões naquela época podia fazer a diferença entre a vida e a morte.

Em 1927, Saint-Exupéry assume o posto de chefia no Cabo Juby, uma das escalas da empresa no deserto da Mauritânia, situado no noroeste da África, nas fronteiras de Argélia e Marrocos. Sua missão, entre outras atividades, era melhorar as relações da companhia entre espanhóis e rebeldes mouros da região.

A experiência no deserto, com seu silêncio e solidão, possibilitou a fertilidade de seus pensamentos e um profundo mergulho em si mesmo. Não há como falar de Saint-Exupéry sem considerar o deserto. Este foi referência e cenário na obra *O Pequeno Príncipe* e também em outros livros escritos pelo autor.

> Amamos o deserto [...]. Se no começo ele é apenas solidão e silêncio, é que não se entrega aos amantes de um dia. Mesmo uma simples aldeia de nossa terra se furta assim ao recém-chegado [...] Mesmo um homem a dois passos de nós, um homem que se encerrou em seu claustro e vive segundo regras para nós desconhecidas é como se habitasse nas solidões do Tibete, longe, tão longe que nenhum avião nos levaria até lá, nunca. De nada nos adiantaria visitar sua cela. Ela está vazia. [...] O império do homem é interior.[7]

Foi nessa temporada no deserto que Saint-Exupéry escreveu seu primeiro livro, *Correio Sul*, publicado em 1929. O livro conta as aventuras de um piloto dividido entre o amor por uma mulher e os perigos da rota aérea França-América do Sul. Trata, também, dos danos causados pelas sementes de baobá que, segundo antigas tradições africanas, são símbolo da maldade humana. Essa obra, anos depois, em 1936, foi adaptada para o cinema com o mesmo título. As filmagens, sob a direção de Pierre

---

[7] SAINT-EXUPÉRY, A. *Terra dos homens*. Rio de Janeiro: José Olympio, 1980.

Billon, foram feitas nas areias do Marrocos e o próprio autor realizou as arriscadas manobras aéreas das cenas.

Em 1929, o escritor é enviado para a Aéropostale em Buenos Aires, capital da Argentina. Essa linha do correio aéreo ia de Natal, no Rio Grande do Norte, Brasil, passava por Buenos Aires e ia até Santiago, no Chile. Nas escalas pela costa brasileira, os pilotos abasteciam e consertavam as aeronaves. Conta-se que eram motivo de festa para os habitantes locais, que lhes forneciam comida fresca, além da boa vontade em acolhê-los e ajudá-los.

Saint-Exupéry deixou boas lembranças nas escalas que realizou em Natal, Recife, Fernando de Noronha, Rio de Janeiro, Santos, Florianópolis e Porto Alegre. Particularmente em um povoado de pescadores, Campeche, ao sul da ilha de Florianópolis, circulam muitas histórias sobre um simpático piloto francês e sua engenhoca voadora. Ficou ali conhecido como "Zéperri", uma aglutinação abrasileirada da fonética de seu sobrenome Saint-Exupéry. A cidade homenageou-o com nomes de ruas referentes a ele e a sua obra. Um exemplo é a avenida principal de Campeche, que se chama Principezinho.

Sair do deserto da Mauritânia e entrar para a fervilhante vida em Buenos Aires foi uma grande mudança. Na capital portenha, Saint-Exupéry encontra vários amigos da França e, em uma festa na embaixada, conhece uma jovem viúva, a escritora e artista plástica Consuelo Suncín, que transformaria sua vida para sempre. Nascida em El Salvador, era uma mulher sofisticada, de gosto refinado e incomum, sonhadora e com a saúde fragilizada pela asma. A paixão foi intensa e o casamento se realiza um ano depois de eles se conhecerem. A cerimônia foi na França e a arrojada Consuelo choca os convidados ao comparecer à cerimônia vestida de negro e portando um buquê de rosas vermelhas.

Existem várias referências sobre a analogia entre Consuelo e a rosa de *O Pequeno Príncipe*. Sobre sua flor, diz o menino no livro: "Deveria ter percebido sua ternura por trás daquelas tolas mentiras. As flores são tão contraditórias. Mas eu era jovem demais para saber amá-la". Essas palavras do principezinho, bem poderiam ser as do próprio Saint-Exupéry. Consuelo e a rosa são fontes de fascínio e de conflito para o criador e sua criatura.

Na América do Sul, Saint-Exupéry enfrenta desafios na profissão, mas também convive com amigos fiéis e desfruta do amor de Consuelo. Foi uma temporada enriquecedora e decisiva para o amadurecimento do escritor.

Seu segundo romance, *Voo Noturno*, escrito em solo latino-americano é editado na França, em 1931, e torna-se seu primeiro grande sucesso. Baseado em fatos reais, conta a história de um jovem piloto que cai nos Andes e luta para sobreviver. Naquela época, os voos noturnos eram incipientes e muito arriscados. Saint-Exupéry faz uma excepcional análise dessa tragédia a partir de temas que considerava valorosos, como o dever do piloto, a solidariedade ao amigo e o amor à vida. Revela-se, nesse momento, a maturação de uma filosofia de vida, de valores e de princípios que iriam se explicitar em seu livro *Cidadela*, lançado após sua morte.

Voo Noturno ganhou muitos prêmios e Hollywood adaptou-o para o cinema, com o mesmo nome, tendo como protagonista ninguém menos que Clark Gable. Saint-Exupéry alcançara um destaque jamais sonhado.

Como consequência da crise financeira de Wall Street, em 1929, e as instabilidades políticas na América do Sul, em 1931, ano em que o escritor volta para a França, a Aéropostale entra em liquidação judicial, processo que se estende até 1933, quando foi absorvida pela Air France.

Na França, Saint-Exupéry desfruta da companhia de sua esposa e de amigos. Frequenta festas, dedica-se ao violino, desenha e escreve com paixão. Mas tudo isso não lhe é suficiente; sente necessidade de voar. Consegue, então, um modesto posto de piloto de testes na Air France. A partir daí, inicia-se uma série de aventuras emocionantes e perigosas.

No ano de 1934, a caminho da Líbia, o avião em que ele e seu mecânico viajam sofre uma pane e obriga-os a pousar no deserto. Sem comida, sem água, com o avião avariado e sem possibilidade de conserto, eles vagueiam erráticos por quatro dias no calor escaldante do deserto. O escritor não se desespera. Medita sobre as criaturas que cruzam o seu caminho, como a raposa arredia do deserto, que se alimenta de caracóis. Medita também sobre o céu noturno estrelado, em seu espetáculo primitivo e límpido. Os dois companheiros embrenham-se nas dunas delirantes e infinitas do deserto antevendo, nas miragens, a chegada da morte. Porém, quando tudo parece perdido, eis que, ao final do quarto dia, surge um beduíno para salvá-los. Em seu livro *Terra dos Homens*, que publicaria mais tarde em 1939, Saint-Exupéry relata essa experiência quase mortal, mas transformadora.

Em 1936, explode a guerra civil espanhola. Adolf Hitler prepara a Alemanha para uma ofensiva violenta contra a Europa, aliando-se, mais tarde, aos ditadores fascistas da Espanha e da Itália. Na França, conflitos internos entre as forças de direita e de esquerda impossibilitam a construção de uma unidade nacional de defesa. Surgem, aí, os embriões de governos totalitários, que dominariam o continente pouco tempo depois.

Saint-Exupéry é contratado por um jornal francês, assim como outros escritores consagrados, para escrever reportagens sobre o flagelo da guerra. O nazismo se espalha como praga.

> Uma tirania totalitária poderia satisfazer-nos em nossas necessidades materiais. Mas não somos um rebanho no pasto. [...]. Quando o nazista respeita exclusivamente aquele que se parece com ele, respeita apenas a si mesmo. Recusa as contradições criadoras, destrói toda esperança de ascensão e erige, por mil anos, em lugar de um homem, o robô de um formigueiro. [...] Incapazes de se impor pela evidência, as religiões políticas apelam para a violência. E eis que, dividindo-nos quanto aos métodos, arriscamo-nos a não mais reconhecer que caminhamos para um mesmo fim.[8]

Esse período se revela bastante difícil para Saint-Exupéry. Perde um grande amigo, piloto também, em um acidente de avião. Seu casamento entra em crise, culminando na separação do casal. Consuelo volta para El Salvador e o escritor-piloto assume uma nova rota de voo entre Nova York, nos Estados Unidos, e a Patagônia sul-americana.

Um dia, enquanto voava nos céus da Guatemala, seu avião, sobrecarregado pelo peso do combustível, cai em queda livre e se espatifa no solo. Saint-Exupéry não morre por milagre. No entanto fica muito ferido, com várias fraturas expostas, e é levado para Nova York. A necessidade de várias cirurgias obriga-o a ficar mais tempo na cidade para cumprir um longo período de recuperação. Sua grande amiga, Nelly de Vogüé, arranja um lugar para hospedá-lo e, durante essa estada forçada,

---

[8] SAINT-EXUPÉRY, A. *Carta a um refém*. Lisboa: Relógio d'Água, 2015.

apresenta-o a artistas e intelectuais. Por sua personalidade sedutora, Saint-Exupéry conquista a todos.

Apesar das dores físicas e emocionais que o incomodam, o escritor mergulha no trabalho e conclui *Terra dos Homens,* livro que trata das memórias de seus primeiros voos. É um relato autobiográfico, no qual revela o quanto a aviação está impregnada em sua alma e dá sentido a sua vida.

Tão logo é lançado, *Terra dos Homens* torna-se sucesso de público e crítica. Saint-Exupéry recebe o National Book Award de 1939, um dos mais importantes prêmios literários norte-americanos e, posteriormente, o prêmio da Academia de Literatura Francesa.

Com a saúde ainda não totalmente recuperada, Saint-Exupéry é liberado para viajar. Volta para a França e se engaja intensamente em ações políticas.

No dia 1º de setembro de 1939, eclode a Segunda Guerra Mundial. A situação da França é de vulnerabilidade, pois seu exército tem menos soldados do que seriam necessários. Contrariando ordens médicas, Saint-Exupéry consegue autorização para voar em um grupamento. Como capitão, sua tarefa é fazer reconhecimento aéreo e fotografar as regiões francesas invadidas pelos alemães.

Em 1940, acuada pelo exército nazista, a França acerta um cessar-fogo com a Alemanha e assina o armistício, com a justificativa de uma trégua. Considerando que seu país tinha se rendido a um inimigo inaceitável e traído seu povo, Saint-Exupéry deixa o país e segue novamente para os Estados Unidos da América. Lá instalado, encontra-se com outros exilados franceses e, juntos, irmanam-se em um grande esforço para conseguir apoio do presidente Franklin Roosevelt à causa dos Aliados. No entender de Saint-Exupéry, somente a presença dos americanos na Europa levaria a balança das forças envolvidas na guerra a pender para o lado dos Aliados.

Em Nova York, ele recebe o prêmio literário que lhe fora concedido pela National Book Foundation. Sua intenção era ficar na cidade por apenas duas ou três semanas, mas acaba ficando 27 meses para fazer algumas cirurgias ainda relacionadas ao acidente que sofrera e cujas sequelas ainda o limitavam.

Inquieto com os rumos da guerra e seus efeitos sobre os homens, escreve *Piloto de Guerra*, cujo tema são os perigos do fim da civilização, caso esta fosse engolfada pelo totalitarismo. Rapidamente, o livro se torna o mais vendido nas Américas, sendo considerado uma resposta filosófica ao *Mein Kampf*, obra doutrinadora de Adolf Hitler.

Nesse período, atormentado por sua condição de estrangeiro e por questões existenciais postuladas desde a juventude, apreensivo em relação aos seus entes queridos que viviam na França e chocado com a incompreensão e crueldade dos homens, Saint-Exupéry entra em um estado de profunda melancolia, que logo evolui para depressão. Preocupados com sua saúde, seus editores, bem como os amigos que fez nos Estados Unidos, cercam-no de cuidados.

Desde a infância, Saint-Exupéry gostava de desenhar. Adulto, tinha o hábito de fazê-lo enquanto conversava com alguém. Em um dia de verão de 1942, no Café Arnold, em Nova York, durante um almoço com seu editor, Eugene Reynal, e sua esposa, Elisabeth, o escritor foi indagado pelo casal sobre a figura que estava desenhando na toalha de papel da mesa. "É apenas o menino que existe em meu coração", respondeu. Perspicaz, o editor sugeriu-lhe que escrevesse algo destinado às crianças, a ser lançado por ocasião do Natal. Na verdade, aqueles já seriam os esboços para a criação de seu personagem, um menino de cabelos dourados que habitava sua alma há tempos.

A proposta entusiasma Saint-Exupéry. Segundo Alain Vircondelet,[9] que escreveu vários livros sobre o autor, uma foto registrada nesse almoço mostra um Saint-Exupéry sorridente, fato considerado raro na época, pois o autor vivia taciturno e deprimido devido às más notícias que recebia sobre a evolução da guerra na Europa. No entender de Vircondelet, esse estado de ânimo do escritor não resultava apenas de seu sofrimento em relação ao conflito entre as nações, mas também a um conflito interno, que o escritor travava consigo mesmo: Saint-Exupéry não se conformava de estar vivendo tranquilamente nos Estados Unidos, enquanto a guerra devastava seu país; queria estar lá, na frente de batalha, com seus compatriotas.

---

[9] VIRCONDELET, A. *A verdadeira história do Pequeno Príncipe*. São Paulo: Novo Século, 2008. p. 44.

Vircondelet diz que a sugestão de Reynal para que Saint-Exupéry escrevesse um livro para crianças tocou profundamente o espírito do escritor: "Não foi uma fuga, mas um mergulho na inocência original de sua infância que acreditava jamais perdida, uma possível resistência à guerra".[10] O biógrafo acredita que a origem do Pequeno Príncipe pode estar na própria infância de Saint-Exupéry. "Esse pequeno príncipe não é uma criança mimada; ao contrário, viveu experiências de dor, carência, infidelidade, vaidade e maldade dos homens. Apesar de ter descoberto o reverso da existência em suas tristezas e lamentações, está aberto para a esperança e a alegria. Há júbilo em seus olhos, mas há tristeza também".[11] O teólogo Michel Quesnel[12] também acredita que o protagonista de *O Pequeno Príncipe* é resultado do encontro entre a guerra e as lembranças de infância do autor.

Pouco tempo depois daquele almoço, Saint-Exupéry faz as pazes com Consuelo, reatando a relação. Junto com Elisabeth Reynal, esposa do editor, Consuelo organiza os espaços de trabalho e fornece os meios adequados para que seu marido crie com tranquilidade. Assim, com tintas aquarelas e ao som da Sinfonia número 40 de Mozart, nascem as ilustrações e o texto dessa obra irretocável. Para atenuar as noites a fio que Saint-Exupéry passa trabalhando, Consuelo mantém uma atmosfera de afeto em seu entorno e, para criar um clima de alegria, convida amigos queridos a casa.

Quatro meses depois do Natal, data em que seu editor planejara lançar a obra, Antoine de Saint-Exupéry lança *O Pequeno Príncipe*, na cidade de Nova York, no dia 6 de abril de 1943. No entanto, ansioso como estava para lutar pela libertação da Europa, logo após o lançamento, vestindo um uniforme improvisado trazido do acervo de figurinos do Metropolitan Museum of Art, Saint-Exupéry parte com a marinha americana para o norte da África.

Somente depois da guerra, em 1946, *O Pequeno Príncipe* é publicado na França, como obra póstuma; chega ao Brasil em 1952, com tradução do monge beneditino Dom Marcos Barbosa. Em 1957, em entrevista ao jornal *Tribuna da Imprensa*, Tom Jobim declara que considerava a trilha

---

[10] VIRCONDELET, *opus citatum*, p. 44.

[11] *Ibidem*, p. 63.

[12] QUESNEL, M. *Saint-Exupéry ou la vérité de la poésie*. Paris: Plon, 1964.

sonora que compusera, baseada no livro *O Pequeno Príncipe,* como seu trabalho de maior relevância naquele ano. Nesse disco, Paulo Autran e sua companhia de teatro recitam trechos da obra.

Orson Welles se encanta pelo texto, monta um roteiro e oferece-o a Walt Disney, multiempreendedor cinematográfico de Hollywood. Mas além de assinar como autor, Welles impõe várias condições, como as de ser também diretor e ator do filme. Disney não aceita; seus estúdios não comportariam dois gênios!

Até os dias de hoje, *O Pequeno Príncipe* é uma das obras de ficção mais vendidas no mundo e a mais traduzida na história da literatura francesa. Publicada em oitenta idiomas, ela atesta esse fenômeno de popularidade que tem inspirado inúmeros trabalhos. Exposições, coleções de joias, peças teatrais, filmes e objetos das mais diferentes utilidades se inspiram nessa fábula, que acabou se tornando, tanto do ponto de vista literário quanto do pictórico, um patrimônio universal.

O protagonista criado por Saint-Exupéry superou seu criador. A criatura ganhou vida própria e continua encantando adultos e crianças ao longo de décadas. Não sem razão, Octavio Paz diz:

> Não nego que a interpretação biográfica seja um caminho para chegar à obra. Só que é um caminho que para às portas dela: para compreendê-la realmente devemos atravessá--las. Neste momento a obra se desvincula de seu autor e se transforma numa realidade autônoma.[13]

Um ano antes do término da Segunda Guerra Mundial, em 31 de julho de 1944, o avião pilotado por Antoine de Saint-Exupéry é abatido no ar e desaparece no mar Mediterrâneo, próximo à costa da cidade de Marseille, no sul da França. Seu corpo nunca foi encontrado. Sua esposa, Consuelo, morre em 1979, aos 78 anos de idade.

Uma pulseira de prata que Saint-Exupéry costumava usar foi encontrada por um pescador em 1998 e serviu de localizador para a descoberta dos destroços do avião.

O escritor morreu como sempre quis viver: voando.

---

[13] PAZ, O. *Sóror Juana Inés de la Cruz.* São Paulo: Mandarim,1998. p. 16.

MAGNETISMO E ENCANTAMENTO

Era uma vez um Pequeno Príncipe que habitava um planeta
pouco maior do que ele, e que precisava de um amigo...

Antoine de Saint-Exupéry

A história d'O Pequeno Príncipe começa no momento em que o autor pede a adultos que vejam um desenho que ele esboçara aos seis anos de idade e o entendessem com os olhos da imaginação. O esboço revelava uma forma semelhante a um chapéu, mas no entendimento da criança ele representava uma jiboia que engolira um elefante.

O desenho provocou risos nos adultos. Saint-Exupéry, criança, sentiu-se incompreendido e desqualificado. Decidiu, então, não mais desenhar. Esse menino, desenhista frustrado, cresceu e tornou-se piloto de avião. Segundo ele, passou grande parte da vida só, sem alguém com quem pudesse realmente conversar, até o dia em que uma pane obrigou-o a fazer um pouso de emergência no deserto do Saara.

Em sua descrição n'*O Pequeno Príncipe*, o piloto afirma estar sozinho no deserto, tendo que consertar o avião, correndo risco de morrer, com pouca comida e água. Na primeira noite ele dorme no deserto e, ao amanhecer, é surpreendido por uma vozinha, que lhe diz: "Por favor, desenha-me um carneiro".

Aquela aparição o deixa atônito. Pergunta ao menino o que ele faz ali e já vai logo dizendo que não sabe desenhar. Mas o menino insiste: "Desenha-me um carneiro".

Então, para ver-se livre da incumbência e, talvez, do menino, entrega-lhe seu antigo desenho da jiboia. O menino recusa, dizendo: "Não quero elefantes dentro de jiboias. Eles são muito grandes e elas são perigosas. Preciso de um carneiro".

Atônito com a resposta, o piloto rende-se ao mistério e começa a atender à demanda de seu inesperado companheiro de viagem. Faz várias tentativas de desenhar carneiros, mas nenhuma agrada. Até que, perdendo a paciência, desenha uma caixa com três furos e diz: "O carneiro que queres está aí dentro". O menino fica muito satisfeito e o piloto, surpreso. Este é o início do encontro entre o piloto e o Pequeno Príncipe.

O menino faz muitas perguntas e não dá nenhuma resposta. O piloto vai, pouco a pouco, entendendo a história dele, sobre como viera parar no deserto e de onde vinha.

A curiosidade do menino é imensa: pergunta sobre o avião, quer saber se o piloto viera do céu, ri da queda da aeronave e quer aprender o que for possível com o piloto que, por sua vez, fica cada vez mais intrigado com a presença daquela criança.

Por fim, o piloto descobre que o principezinho viera de um pequeno asteroide identificado pela sigla B612. "Gente grande gosta de números", diz o menino, mas estes não descrevem nem o menino, nem seu pequeno lar. Os números dos adultos não falam das coisas que o príncipe deixou, de seus vulcões, dos ramos de baobá que combate, da sua flor, nem de sua risada, do seu gosto pelo pôr do sol, ou de sua súbita tristeza.

A viagem do pequeno herói começa depois do surgimento de uma rosa em sua vida. Ela o encanta, desconcerta-o, exige, reclama, seduz, é vaidosa, orgulhosa, mas espalha perfume e beleza nesse "planetinha" sem grandes atrativos próprios. No entanto ela o deixa assoberbado de tal forma, que ele decide sair de seu planeta.

"Ele deve ter aproveitado uma migração de pássaros para partir", diz o piloto. O Pequeno Príncipe explica que cuidou de todos os detalhes antes de sua viagem, para que sua rosa ficasse confortável e seu planeta a salvo.

A jornada até o planeta Terra tinha sido precedida por passagens em seis planetas diferentes, cada um com moradores emblemáticos.

O primeiro encontro foi com um rei, que acreditava reinar sobre tudo e todos.

O segundo era habitado por um vaidoso, que acreditava que todos os demais seres eram seus admiradores.

No terceiro encontrou um beberrão, que bebia para esquecer que tinha vergonha de beber.

No quarto planeta deparou-se com um empresário muito ocupado, que acreditava ser possuidor de todas as estrelas e não parava de contá-las.

O quinto era o planeta do acendedor de lampiões, que não se permitia interromper sua tarefa interminável de acender e apagar a luz.

O sexto planeta era o maior encontrado até aquele momento e habitado por um velho geógrafo que não podia sair de seu lugar, pois precisava anotar as descobertas de todos os exploradores. Esse homem idoso foi quem sugeriu ao Pequeno Príncipe visitar o planeta Terra.

O primeiro encontro terrestre do menino foi com uma serpente, que lhe explica em que planeta está e dá sua localização no continente africano. Nessa conversa, o Pequeno Príncipe fica conhecendo quem poderá levá-lo de volta para sua casa.

O príncipe se põe a atravessar o deserto à procura dos homens. Encontra uma flor de três pétalas, que considera insignificante. Escala uma grande montanha e conversa com o eco. Fala de sua solidão.

Depois de muito caminhar encontra uma estrada; acreditou que o levaria aos homens, mas ela levou-o para um jardim pleno de rosas. Eram 5.000 flores, iguais à sua, em um só jardim.

O encontro seguinte foi com a raposa, que o ensinou a descobrir a essência das coisas e a importância dos relacionamentos.

Quando o Pequeno Príncipe conheceu o piloto, fez, logo de início, comentários sobre seus encontros com um manobreiro de trem e com o vendedor de pílulas que substituíam a água. Contou todas as suas aventuras de forma singela ao longo do encontro. No entanto, quando a história começa a ser relatada, o jovem príncipe e o piloto já estão juntos há oito dias, e a última gota de água fora consumida. Assim, saem em busca de um poço, até encontrarem um que se assemelhava a um poço de aldeia.

Inicia-se o diálogo final entre eles. O Príncipe sabe que deve ou precisa partir! Belas falas sobre amizade, perda, separação e morte são descritas de forma delicada e poética. O menino está convicto de que precisa voltar para sua casa e promete sorrir para o piloto de sua pequena estrela. A serpente se apresenta, o menino tem medo, mas não recua: cai suavemente na areia!

No dia seguinte, o príncipe havia desaparecido da mesma forma que surgira. Nada restara de seu pequeno corpo de cabelos dourados. Mas o coração do piloto ficou cheio de sorrisos, de raios de luz, de estrelas cintilantes, de tristeza e de esperança.

"E nenhuma pessoa grande entenderá que isso possa ter tanta importância."[14]

---

[14] SAINT-EXUPÉRY, A. *O Pequeno Príncipe*. Rio de Janeiro: Agir, 2009. p. 91.

O PLANETA ENIGMÁTICO

> *[...] então tu também vens do céu, de que planeta tu és?*
> *Vislumbrei um clarão no mistério da sua origem.*[15]

Antoine de Saint-Exupéry

O piloto e o príncipe conversam, cada um com seu jeito de falar; lançam mão de seus próprios referenciais, de suas imagens, de seus devaneios, de suas crenças e até mesmo de mistérios a serem desvendados. Há, entretanto, no relato do menino, pontos estranhos, obscuros, às vezes não inteligíveis; falta linearidade – ele vai e volta aos temas sem uma lógica aparente. Mas há, em ambos, um desejo enorme de se conhecerem melhor, de entenderem onde e como seus planetas se encontraram.

Entendemos esse momento lírico e mítico como a expressão da emergência de um símbolo que instiga, desconcerta, fascina e pede para ser acolhido, incorporado, integrado.

> [...] todo fenômeno psicológico é um símbolo, na suposição que enuncie ou signifique algo mais e algo diferente que escape ao conhecimento atual. Essa suposição é absolutamente possível onde há uma consciência que procura outras possibilidades de sentido das coisas.[16]

O príncipe vem de um lugar misterioso. Aos poucos vai descrevendo seu pequeno planeta e seu cotidiano cheio de preocupações. Rotineiramente, precisa revolver os vulcões ativos lá existentes e observar o inativo, para não ter surpresas desagradáveis. Também arranca alguma erva daninha que nasce de repente. Sobretudo, trabalha assiduamente para tirar as mudas de baobá que surgem, pois se elas crescerem podem destruir o planeta. E seu planeta está cheio de sementes ocultas de baobá.

---

[15] SAINT-EXUPÉRY, 2009, p. 14.
[16] JUNG, C. G. *Símbolos da transformação*, v. VI. Petrópolis: Vozes, 1998. p. 906.

O piloto se impressiona especialmente pela presença dos baobás no asteroide do menino; admite que são perigosos e têm força suficiente para destruir um planeta.

Nesse ponto da narrativa aparecem os temores dos males potenciais. As sementes ocultas sob a superfície do planeta podem ser malignas e, em sua fase inicial, as mudas se parecem com as das rosas. Há que se saber discernir entre elas.

Importante destacar que o livro foi escrito durante a Segunda Guerra. Saint-Exupéry estava muito preocupado com o avanço do nazismo no mundo. Segundo a biógrafa do autor, Sheila Dryzun,[17] os baobás seriam a representação do perigo de doutrinas destruidoras e nocivas. O príncipe diz que conhecera um planeta habitado por um preguiçoso. Nele, os baobás cresceram de tal forma que tomaram conta de tudo; restaram apenas três árvores entrelaçadas, que mal acolhiam o preguiçoso. Essa é uma metáfora sobre o risco de se ignorar perigos mortais.

O piloto se esmera no desenho desse planeta e fica admirado com ele. O príncipe, por sua vez, é tomado pelo fascínio de olhar o poente várias vezes ao dia: "Ah! Como é lindo!".

Então, acontece o inesperado. Um raminho diferente irrompe da terra e um novo mundo vem com ele. A descrição do nascimento da flor é muito reveladora, deslumbrante:

> O Pequeno Príncipe que assistia o surgimento de um enorme botão, pressentiu que dali sairia uma aparição miraculosa, mas a flor parecia nunca acabar de preparar sua beleza, no seu verde aposento. Escolhia as cores com cuidado. Vestia-se lentamente, e ajustava suas pétalas uma a uma. Não queria sair, como os cravos, amarrotada. Ela queria aparecer no esplendor da sua beleza. Ah, sim! Era vaidosa. Sua misteriosa toalete, portanto, durara alguns dias. E eis que numa manhã, justamente, à hora do sol nascer, ela se mostrou.[18]

---

[17] DRYZUN, 2009.

[18] SAINT-EXUPÉRY, 2009, p. 29.

Eis que surge uma flor! Viria ela de uma semente que brotou de repente, sem aviso prévio, ou sempre estivera ali, como possibilidade, e o Pequeno Príncipe não atentara para ela?

Assim se dá o surgimento de um novo e grande símbolo que demanda por ser elaborado pela psique. Por causa dele, o Pequeno Príncipe inicia sua jornada. Aspectos da emergência da anima e seus efeitos mobilizantes podem ser reconhecidos no surgimento da rosa.

> A anima é o arquétipo da vida... pois a vida se apodera do homem através da anima, se bem que ele pensa que a primeira lhe chegue através da razão (mind). Ele domina a vida com o entendimento, mas a vida vive nele através da anima.[19]

O nascimento da flor, que só muito tempo depois nosso herói saberá que é uma rosa, provoca fascínio e desconforto; aquele tipo de desconforto que algo muito importante e transformador provoca. Em outras palavras, ele foi tocado pela anima, arquétipo da vida. O ego, por natureza conservadora, para não dizer preguiçoso, diante de um símbolo, emerge na consciência e terá de sair da inércia, do repouso. A flor encanta, mas problematiza a vida do nosso herói. O Pequeno Príncipe fica de tal forma perturbado por aquela presença desconcertante que prefere sair, deixar o planeta.

O diálogo entre ele e a rosa é poético, instigante, profundo. É a descoberta do par complementar. Até então ele só tinha convivido com dois vulcões, usados para fazer comida, e com as mudas de baobá, a serem combatidas. São todas relações assimétricas. Com a flor, inaugura-se a simetria, a paridade! Ela se coloca como igual a ele em importância, faz exigências, questiona, demonstra fragilidade, conta com sua proteção e declara, quando o Pequeno Príncipe anuncia sua partida, que o ama. A anima traz em si essa condição inerente: exige igualdade, lealdade, fidelidade e, sobretudo, propõe a busca de novos caminhos. Está implícito que, para estar com ela, competências devem se desenvolver. Podemos inferir que o Pequeno Príncipe sentiu que precisava "saber-se" mais.

---

[19] JUNG, C. G. *Memórias, sonhos e reflexões*. Rio de Janeiro: Nova Fronteira, 2006. p. 484.

Nosso pequeno herói deixa sua flor para trás e sai em busca de algo misterioso, porém, necessário. Há, em sua jornada, a vontade de experimentar novos mundos e, ao mesmo tempo, conhecer-se. Há de se supor também que, inicialmente, quando a rosa surge, ele não suporta a intensidade do que sente. É preciso sair, descobrir outras formas de viver e aprender muitas lições importantes de vida até se sentir pronto para estar, de fato, com ela. A Rosa, todavia, estará sempre na condição de sua guia e motivo concreto e simbólico de sua jornada. Ele sai por conta do desconcerto causado por ela e voltará para estar com ela, porém, diferente, transformado, podendo ser um com ela.

Vês, lá longe, os campos de trigo? Eu não como pão. O trigo para mim não vale nada. Os campos de trigo não me lembram coisa alguma. E isso é triste! Mas tu tens cabelos dourados. Então será maravilhoso quando tiveres me cativado. O trigo, que é dourado, fará com que eu me lembre de ti. E eu amarei o barulho do vento no trigo...

Antoine de Saint-Exupéry

JORNADA RUMO AO DESCONHECIDO

A história básica da jornada do herói implica abrir mão do lugar onde se vive, entrar na esfera da aventura, chegar a um certo tipo de percepção simbolicamente apresentada e depois retornar à esfera da vida normal[20]

Josef Campbell

O Pequeno Príncipe vivia em seu planeta uma rotina de cuidados com a conservação de seu lar e experimentava pequenos grandes prazeres, como admirar o pôr do sol.

Certo dia, a flor aparece e ele é tocado pela necessidade de sair, pela imperiosidade de lançar-se na esfera da aventura que, consoante Campbell, é sempre composta de forças e poderes desconhecidos.

Ele não sabe por que deve sair, mas sabe que não pode deixar de fazê-lo. Esse é o chamado do herói, algo novo deve ser conquistado e novas instâncias psíquicas precisam ser atualizadas.

> [...] é a travessia do limiar do consciente para o inconsciente, mas o mundo inconsciente é representado por muitas, muitas imagens diferentes, conforme o contexto cultural [...] é sempre o caminho rumo ao desconhecido, por um portão, por uma caverna ou por rochas que se soltam.[21]

O caminho do príncipe atende sua fome de conhecer o que nunca viu. Ele quer se instruir, quer se abrir ao que vier, e assim vai se deparando com diferentes planetas à sua frente.

Podemos entender cada parada, cada planeta, como uma estação, um ponto de intersecção entre caminhos e pessoas. Cada planeta e seus personagens como metáforas do processo de transformação do nosso herói!

---

[20] CAMPBELL, J. *Mito e transformação*. São Paulo: Ágora, 2008.

[21] CAMPBELL, 2008.

O delírio do poder

O primeiro planeta era habitado por um rei, que imediatamente o recebe como súdito. O principezinho se pergunta:

"– *Como ele pode reconhecer-me, se jamais me viu?*"[22]

Essa é a primeira relação e a primeira descoberta que se apresenta na jornada do pequeno herói: um rei e um súdito.

O rei declara que tudo e todos estão sob seu domínio. Ele é o monarca universal. Espera obediência absoluta e não compreende que está isolado em um planeta que quase não consegue contê-lo. À primeira vista parece ridículo que um rei sozinho em um planeta minúsculo se considere tão poderoso. Mas essa é uma imagem emblemática do delírio de poder, uma instância humana das mais sombrias e, no entanto, muito frequente.

Essa é a primeira estação da viagem e coloca o menino diante de uma figura que se lhe apresenta como o exercício e a expressão do poder. Pela primeira vez, o jovem príncipe se vê numa relação assimétrica, na qual ele é o súdito e o outro é o rei. O curioso é que o menino não se nega a ser súdito, pelo contrário, pergunta-se como o rei o conhecia!

O rei é aquele que comanda, ordena, decide, assume responsabilidades. Tradicionalmente, a fertilidade do rei garante a prosperidade do reino. Os aspectos simbólicos de um rei vão muito além da sua pessoalidade, e dentro deles estão também a tirania, o abuso do poder, a possibilidade de atos impiedosos e cruéis.

O rei desse primeiro planeta estabelece um diálogo com o Pequeno Príncipe. Ele lhe ensina como os soberanos funcionam e concorre, também, para que o menino descubra o súdito que nele habita. Isto é, há nele, Pequeno Príncipe, aspectos que se submetem, que atendem a comandos, que são governados por algo mais poderoso.

Nesse ponto da fábula, o jovem príncipe, subjugado que está ao chamado do herói, o qual carrega a tarefa maior de abrir caminho para a emergência da anima, descobre-se diante do abuso do poder!

---

[22] SAINT-EXUPÉRY, 2009, p. 35.

No sentido simbólico e psicodinâmico, a polaridade explicitada entre eles apresenta o Pequeno Príncipe enquanto no exercício da função heroica, diante da expressão simbólica do complexo do poder encarnado pelo rei. Ora, um rei não funciona se não tiver súditos para comandar. Da mesma forma que um complexo defensivo não se apresenta sem submeter o ego, ou ocupar seu espaço simbólico. Vale lembrar que Jung[23] afirma ser o complexo do ego o centro da consciência.

> Um complexo é uma reunião de imagens e ideias, conglo-
> meradas em torno de um núcleo derivado de um ou mais
> arquétipos, e caracterizadas por uma tonalidade emocio-
> nal comum.[24]

O rei, entendido como expressão do complexo do poder, e o principezinho, entendido ora como expressão do complexo do ego, ora como expressão do complexo do herói, representam, simbolicamente, a conversa entre diferentes instâncias da psique.

O rei de nossa fábula se diz o mandatário de todos. No entanto afirma tomar cuidado com as ordens que dá, já que até mesmo o cumprimento ou não delas são de sua responsabilidade. No diálogo com o Pequeno Príncipe, ele explica que não pode pedir que alguém faça o que não é capaz de realizar; com isso, as condições propostas devem ser favoráveis para que suas ordens se cumpram.

O menino se maravilha com tanto poder, mas a demanda pela aventura clama pelo herói e o momento de prosseguir viagem se faz imperioso. O rei tenta mantê-lo perto de si e o nomeia ministro da Justiça.

"– Mas, diz o Pequeno Príncipe, não vejo ninguém para julgar!

– Tu julgarás a ti mesmo, responde o rei, é o mais difícil. É bem mais difícil julgar a si mesmo que julgar os outros. Se consegues fazer um bom julgamento de ti, és um verdadeiro sábio."[25]

Com essa fala, a figura do rei, na qualidade de expressão de um Eu superior, dá um comando muito precioso ao menino. Convida-o a

---

[23] JUNG, C. G. *Os arquétipos e o inconsciente coletivo*. V. IX/I. Petrópolis: Vozes, 2008.

[24] SAMUELS, A. *et al. Dicionário crítico de análise junguiana*. Rio de Janeiro: Imago, 1988. p. 49.

[25] SAINT-EXUPÉRY, 2009, p. 38, 39.

julgar-se, o que implica conhecer, avaliar e refletir sobre os próprios atos. Implica, também, responsabilizar-se por eles.

Mais uma vez, o menino se despede. E, quando o rei percebe que sua decisão é firme, conclui que ele não pode sair sem alguma marca de sua passagem. Então o nomeia "embaixador", para que seja um representante dele em outras localidades.

> O rei é também concebido como uma projeção do eu superior, um ideal a realizar. Não tem mais, então, nenhuma significação histórica e cósmica, torna-se um valor ético e psicológico. Sua imagem concentra sobre si os desejos de autonomia, de governo de si mesmo, de conhecimento integral, de consciência.[26]

A relação entre o rei e o súdito é de codependência. Um não existe sem o outro. No conto, a busca de autonomia e de governo de si mesmo, representada pelo rei, é demanda imperiosa para a estruturação da personalidade do Pequeno Príncipe em seu processo de individuação. A partir desse encontro, mesmo considerando o rei meio tolo, o jovenzinho passa a ter a tarefa de representar as demandas reais. Ele já se sabe diferente, embora não tenha a consciência reflexiva dessa transformação. Foi tocado pela presença simbólica do poder e por suas contradições complexas. Acima de tudo, foi tocado pelo risco de aprisionamento no poder estéril versus a possibilidade fertilizadora do poder exercido com sabedoria.

Futilidade ilusória

O segundo planeta é habitado por um vaidoso, que fica feliz por ser visto por alguém. Toma o Pequeno Príncipe por um admirador porque, para os vaidosos, os outros homens são seus admiradores!

É um homem excêntrico, vestido com esmero, com o sol sempre brilhando em seu ombro. Pede que o pequeno visitante bata uma mão na outra para que seja aplaudido. Com falsa modéstia, levanta repetidamente o chapéu em agradecimento. No início, o menino acha aquilo divertido, mas logo se cansa de repetir indefinidamente o aplauso. Por isso, pergunta

---

[26] CHEVALIER, J. GHEERBRANT, A. *Dicionário de símbolos.* Rio de Janeiro: José Olympio, 1990. p. 776.

o que aconteceria se o chapéu caísse, numa tentativa de variar a ação, mas o vaidoso sequer o ouve. Os vaidosos só ouvem elogios. O diálogo final entre eles é muito elucidativo:

"– Não é verdade que tu me admiras muito?

– O que significa "admirar"?

– 'Admirar' significa reconhecer que eu sou o homem mais belo, mais bem vestido, mais rico e mais inteligente de todo o planeta.

– Mas só tu moras no teu planeta!

– Dá-me esse prazer. Admira-me assim mesmo!

– Eu te admiro - disse o principezinho, dando de ombros.

– Mas de que te serve isso?"[27]

Nosso herói, novamente, questiona o seu hospedeiro. Faz perguntas óbvias, mas não recebe respostas. Está, novamente, diante de alguém que não quer ver nada além da imagem que criou para si mesmo.

O curioso é que esse vaidoso tem um sol brilhando sobre seu ombro. Tradicionalmente, o sol é um símbolo de aquisição de consciência. Trazemos ideias e sentimentos à luz. O sol está associado à condição de se ver claramente, de se ter discriminação. No entanto não é isso o que ocorre com o habitante desse pequeno planeta.

O sol, nessa passagem do livro, parece estar mais a serviço de iluminar o vaidoso do que de trazer conhecimento e compreensão da realidade visível. Sob o sol tudo se vê, tudo se mostra. O sol que ilumina e põe em evidência é o mesmo que calcina, queima e pode cegar. A natureza o coloca visível e escondido todos os dias. Então o equilíbrio entre luz e escuridão é mantido. O vaidoso está em eterna claridade, o que não lhe dá o recolhimento necessário para sair da ilusão de excelência. Ele está cego sobre si mesmo. Outro detalhe importante do perfil do vaidoso é a presença do chapéu.

> Simboliza a cabeça e o pensamento. Símbolo de identificação. O herói tem os pensamentos e empreende os projetos da pessoa cujo chapéu está usando. Mudar de chapéu significa mudar de ideias, ter uma outra visão de mundo.[28]

---

[27] SAINT-EXUPÉRY, 2009, p. 42.
[28] CHEVALIER, 1990, p. 232.

Pensando no chapéu como um identificador – o chapéu do palhaço, a cartola do mágico, o chapéu do caçador, o capacete do soldado, o chapeuzinho vermelho junto com a capa etc. – fica claro que há uma correspondência entre o objeto e quem o usa. O principezinho pergunta o que aconteceria se o chapéu caísse. Essa seria uma mudança grande demais para o vaidoso considerar. Ele não pode e não tem competência para qualquer alteração da forma como se vê. Simbolicamente, a queda do chapéu significaria um afastamento da *persona* defensiva sob a qual ele se esconde.

Nosso príncipe encontra, nesse planeta, uma variação da expressão da vaidade. A flor em seu lar é vaidosa e exigente, mas é bela, cheirosa e o ama. A vaidade dela está a serviço da sedução e do encantamento, isto é, a serviço do pareamento, de atrair o outro e, se possível, ficar com ele. O vaidoso solar que o Pequeno Príncipe encontra é de tal forma identificado com a própria luz que não vê ninguém. É estéril, como o rei do primeiro planeta. Segundo Chevalier,[29] o sol é o símbolo universal do rei – nesse ponto há uma similaridade entre essas duas personagens.

O ciclo sem fim

O terceiro planeta é habitado por um bêbado, sentado cabisbaixo em uma mesa, cercado de garrafas cheias e vazias. Não dirige a palavra ao visitante. Ao contrário, o príncipe é quem pergunta: *"O que fazes aí?"*.

O diálogo que mantêm em seguida deixa nosso herói triste. O bêbado diz que bebe para esquecer que tem vergonha de beber. O príncipe ficará pouco tempo nesse planeta, será uma estada rápida. Seu habitante não o saúda quando de sua chegada, nem tampouco sugere que ele fique mais tempo. O bêbado não está preocupado em estabelecer relações. Está escondido em sua vergonha e em sua compulsão pela bebida.

Importante destacar que a vergonha é um sentimento primordial. Está presente na gênese de nossa cultura, uma vez que Adão e Eva, ao transgredirem a ordem divina e comerem do fruto do conhecimento, percebem-se nus e são acometidos pela vergonha. Esta veio à cons-

---

[29] *Ibidem*, p. 837.

ciência humana ao mesmo tempo em que se adquiriu a capacidade de conhecer o bem e o mal, isto é, a capacidade de pensar, avaliar e julgar, com o que atentamos para nossas demandas sombrias!

A vergonha relaciona-se com o saber-se exposto, visto, avaliado:

> Desonra que ultraja, humilha o próprio. Sentimento penoso causado pela inferioridade, indecência ou indignidade. Sentimento de insegurança causado por medo do ridículo e do julgamento dos outros. Timidez, acanhamento, recato, decoro. [...] Sentimento ou consciência da própria honra, dignidade, honestidade, brio.[30]

O bêbado está possuído pela vergonha. Sabe-se em falta com sua dignidade. Concebe-se como inferior e ridículo sob o olhar dos outros e sob o seu próprio olhar. Ora, ridículo é algo que provoca o riso, que tanto pode se relacionar com a cruel desqualificação do outro como com o relaxamento e a diversão.

A outra presença nesse planeta é a bebida. O Pequeno Príncipe vê inúmeras garrafas cheias e vazias. Hugh Johnson, em seu livro sobre a história do vinho, levanta aspectos importantes e inegáveis dos efeitos das bebidas sobre as pessoas. Dedica um capítulo ao poder que as bebidas têm de eliminar preocupações, especialmente o vinho.

> Em meio a uma vida difícil, bruta e breve, aqueles que primeiro sentiram os efeitos do álcool acreditavam-se brindados com uma antevisão do paraíso. As inquietações desapareciam, os medos se afastavam, as ideias ocorriam mais facilmente, os apaixonados se tornavam mais carinhosos quando bebiam o sumo mágico. Por algum tempo eles se sentiam onipotentes, julgavam-se até mesmo divinos.[31]

No entanto, quando o efeito do álcool desaparece, vem a ressaca e, para alguns, a necessidade de rapidamente retomar aquele estado de bem-estar provocado por ele. Johnson explica que a bebida alcoólica é

---

[30] HOUAISS, A. *Dicionário Houaiss da Língua Portuguesa*. Rio de Janeiro: Objetiva, 2001. p. 2.847.

[31] JOHNSON, H. *A história do vinho*. São Paulo: Companhia das Letras, 1999. p. 12.

uma solução aquosa de etanol, produzida pela ação dos levedos sobre o açúcar:

> Clinicamente o etanol é rotulado de depressivo – termo confuso, já que não é depressão o que se sente. O etanol deprime (inibe) o sistema nervoso central, causando sedação, afastando inibições e atenuando a dor.[32]

O Bêbado do planeta está aprisionado no círculo vicioso da dor que sua vergonha lhe causa; ele bebe para aliviá-la, mas, findo o efeito entorpecedor do álcool, esse alívio se transforma novamente em dor, completando um ciclo sem fim. Ele não experimenta o relaxamento criativo que o álcool poderia provocar, ao contrário, repete a mesma ação indefinidamente. Sua crítica é estéril, uma vez que está a serviço da autoindulgência.

> A viciosidade do processo em que se encontra o Bêbado desse terceiro planeta retrata com certeza um quadro psicopatológico de depressão. A incompetência para sair do círculo do aprisionamento, retratado no quadro descrito, a vivência autoflageladora da vergonha sentida, o descaso com o próprio corpo, a indiferença amorfa diante da presença radiante do Pequeno Príncipe, expressão simbólica inequívoca da criança divina, tudo nesse momento é depressão, tudo retrata a dor da alma de quem se perdeu de si mesmo!.[33]

O Pequeno Príncipe vai embora perplexo, repetindo que *"Adultos são mesmo muito estranhos".* Sai, tocado pela experiência de ver alguém perdido de seu caminho, fugindo da vida pela estagnação. Nosso herói precisa mover-se, então, parte para outros encontros.

---

[32] *Idem.*

[33] ALVARENGA, M. Z. *Anima-animus e o desafio do encontro*, v. 33/1. São Paulo: Junguiana, 2015.

Sem espaço para o prazer

O quarto planeta é habitado por um empresário. Homem corpulento, equilibra um cigarro apagado na boca. Sentado à mesa, faz contas o tempo todo.

Nosso herói inicia a conversa avisando que o cigarro está apagado. O empresário não lhe dá nenhuma atenção. É um homem sério, não tem tempo sequer para desfrutar do fumo. Não há espaço para o prazer, muito menos para jogar conversa fora. No entanto o principezinho está cheio de perguntas, quer saber o que ele tanto conta.

O empresário percebe, finalmente, a presença do menino e diz-lhe algo curioso: que ele é a terceira visita que recebe em 54 anos. A primeira fora de um besouro barulhento; a segunda, de uma crise de reumatismo e, a terceira, a presença do Pequeno Príncipe. É notável que o empresário coloque no mesmo nível um besouro, uma crise reumática e um menino. O fato de esses três episódios serem essencialmente diferentes não vem ao caso. Eles se assemelham por serem interrupções. As presenças do inseto, da doença e do menino interferiram em sua contagem "importantíssima" e séria.

O principezinho fica sabendo que ele conta estrelas, *"essas coisinhas douradas que fazem sonhar os preguiçosos, mas eu sou uma pessoa séria!".*[34]

O empresário acredita ser possuidor de todas as estrelas, assim como o rei achava que reinava sobre todas elas. O menino não entende como ele as possui, nem para quê. Está diante de um acumulador avarento, que se vê no legítimo direito de possuir as estrelas por ter pensado nisso antes de todos. Ele as tem para dizer que as tem e para sentir-se rico.

"– E para que queres ser rico? – pergunta nosso herói.

– Para comprar outras estrelas, se alguém achar."[35]

O menino pensa que o empresário e o bêbado raciocinam da mesma maneira. Temos nessas duas personagens uma dinâmica de comportamento compulsivo, que se mantém em eterna circularidade.

---

[34] SAINT-EXUPÉRY, 2009, p. 45.

[35] *Idem.*

Para o menino, possuir estrelas não faz o menor sentido, pois não podemos fazer nada por elas – como ele faz pelo seu planeta, nem tampouco levá-las para algum lugar. As estrelas do empresário são vazias de significado. Não inspiram, não seduzem, não provocam a poesia e a imaginação. São moedas de troca.

Nessa passagem surge o dinheiro e suas implicações. O rabino Nilton Bonder, autor de livros reconhecidos nacional e internacionalmente, diz que as questões de sobrevivência e suas fronteiras passam pela discussão do poder, da posse, do excedente e da insegurança.

> Não há meios de chegar ao bolso sem uma reflexão sobre a vida e seu sentido. Nossa relação com o bolso revela quem somos e onde estamos neste imenso mercado de valores que é a realidade.[36]

A referência ao bolso feita por Bonder combina perfeitamente com a gaveta do empresário. Nela, ele guarda o registro de suas estrelas e seu dinheiro, com o qual pretende fazer mais dinheiro.

Quando olhamos para o empresário dessa fábula, claramente caricato, ficam evidentes seus valores e seu caráter. Ele representa a pior relação possível com o poder que o dinheiro proporciona. Possui como quem tem uma fome infinita. Nada é suficiente, apenas a tarefa de conseguir sentir-se rico ocupa todo seu tempo. Qualquer relação com a natureza, com seu corpo, com outro humano, é vista como incômoda. Não provoca nenhum tipo de reflexão.

O Pequeno Príncipe quase se irrita com a falta de crítica desse homem. Ele tem uma visão deturpada da riqueza, segundo nosso herói. Ele se diz rico e sério, mas é um tolo empobrecido.

O acendedor de estrelas

O quinto planeta é o menor de todos. Nele só há espaço suficiente para um lampião e o homem que o acende e apaga. Um planeta sem casas e sem outros habitantes: somente a presença do acendedor de lampiões!

---

[36] BONDER, N. *A cabala da comida, do dinheiro e da inveja*. Rio de Janeiro: Imago, 1999. p. 124.

Admirado, o Pequeno Príncipe se põe a pensar que aquele homem também era maluco. Porém menos maluco que o rei, o vaidoso, o homem de negócios e o bêbado. Ao menos seu trabalho tem sentido. Quando acende o lampião é como se fizesse nascer uma estrela ou uma flor. Quando apaga, faz adormecer a estrela ou a flor. É um trabalho útil, além de belo.

Logo ele descobre que o acendedor segue um rígido regulamento. Isso porque, anteriormente, o pequeno planeta girava mais devagar, possibilitando a duração do dia e da noite com tempo suficiente para que o acendedor descansasse e dormisse. No entanto algo fez o giro do planeta se acelerar de tal forma que, a cada minuto, o lampião é aceso e apagado, pois esse é o tempo das durações dos dias e das noites: somente um único minuto. Dessa forma, o trabalho daquele homem era insano, ininterrupto, enlouquecedor. O acendedor de lampiões jamais descansa e sente saudades de como era dormir.

O pequeno herói pergunta por que ele segue tão fielmente um comando sem sentido e o acendedor responde que é por causa do regulamento:

"– Regulamentos não são para serem compreendidos e sim cumpridos."[37]

No Dicionário Houaiss,[38] regulamento é definido como "ato ou efeito de regular, de estabelecer regras. Estatuto, instrução que prescreve o que deve ser feito, conjunto de prescrições que determinam a conduta de regular". Sendo que regular é "o que demonstra exatidão, pontualidade, constância, continuidade que se repete em intervalos iguais".

O acendedor repete sem questionamento ou dúvida a conduta que foi prescrita quando as condições do seu pequeno lar eram diferentes. Todavia, ele continua a manter regularidade e pontualidade sem iguais. As sugestões do Pequeno Príncipe para que ele tente alterar seu cotidiano constante são ignoradas.

O acendedor só tem ouvidos para o regulamento. Nosso herói, embora não entenda a conduta do acendedor, respeita-o. Na verdade, até admira sua fidelidade. É notável como o menino vê a possibilidade de poesia e beleza no cotidiano daquele homem. Sente inveja pelos inúmeros pores de sol que o acendedor poderia contemplar caso se autorizasse a

---

[37] SAINT-EXUPÉRY, 2009, p. 48.

[38] HOUAISS, 2001, p. 2.418.

descumprir a regra, ou, simplesmente, permitir-se uma nova adaptação à realidade que havia mudado. Para o Pequeno Príncipe, esse homem pode ser um acendedor de estrelas. Pode também, se aprender a andar do jeito certo, assistir a quantos poentes quiser.

Numa tentativa derradeira, o principezinho afirma para o acendedor que "é possível ter preguiça e ser fiel ao mesmo *tempo*".[39] Se o acendedor entendesse isso, talvez sua rigidez pudesse se dissolver. No entanto as palavras do menino não provocam ressonância.

De acordo com Jung, a preguiça pode ser associada à indolência da libido, que não quer abandonar qualquer objeto do passado, mas retê-lo para sempre. Em contrapartida, diz que a preguiça pode ser também uma paixão, citando La Rochefoucauld:

> De todas as paixões, a mais desconhecida de nós mesmos é a preguiça; é a mais ardente e a mais maligna de todas, embora sua violência seja insensível e os danos que ela causa fiquem bem escondidos. [...] O repouso da preguiça é um encanto secreto da alma que susta repentinamente as mais ardentes diligências e as mais obstinadas resoluções; para dar, enfim, a verdadeira ideia dessa paixão, é preciso dizer que a preguiça é como uma beatitude da alma que a consola de todas as suas perdas e que substitui todos os seus bens.[40]

Esse personagem do acendedor pode ser visto como uma expressão do comportamento compulsivo, em que não há espaço para a preguiça, seja ela perniciosa, paralisante ou criativa. Como em todo comportamento compulsivo, a tarefa não pode deixar de ser cumprida e o sujeito da ação não questiona a ordem dada, nem a natureza da tarefa a ser realizada. O acendedor simplesmente se submete ao dado imposto sem qualquer crítica, ficando aprisionado ao cumprimento do dever imposto, submetido a uma repetição sem fim e sem sentido.

> A postura patriarcal, rígida e sistemática do acendedor, sem crítica alguma sobre o propósito e cumprimento da tarefa

---

[39] SAINT-EXUPÉRY, 2009, p. 50.
[40] JUNG, 1995, v. V, par. 253.

> à qual está submetido traduz o cerne de uma estruturação defensiva dessa dinâmica de consciência. Todo regime de imposição se implanta se os homens e mulheres a ele se submetem sem contestação. A par isso, o comportamento compulsivo é a melhor expressão do sofrimento de quem não pode entregar-se ao prazer da dinâmica matriarcal. A compulsividade é a cegueira, a surdez e a negação às demandas do reino da Grande Mãe.[41]

Quando o menino visitante diz que a preguiça pode ser simultânea à fidelidade, entendemos que ele se refere à necessidade de refúgio da alma para um lugar regenerador. O acendedor não está próximo de sua própria alma, está fixado no dever que não aceita a preguiça como uma possibilidade.

No entanto o Pequeno Príncipe vê nele algo que lhe é familiar: o trabalho desse homem não é para ele próprio e, sim, para "alguém" (embora no planeta não more mais nenhuma pessoa). A lembrança dos cuidados com seu pequeno asteroide, seus vulcões, as mudas de baobá e, especialmente, a sua flor, promovem uma aproximação entre ele e o estranho acendedor de lampião. O menino chega a pensar que esse homem é o único, até aquele agora, que poderia ser seu amigo.

Podemos entender que a busca por uma parceria afetiva, presente no âmago de sua jornada, começa a se explicitar nessa passagem. O Pequeno Príncipe quase comete o erro de acreditar serem verdadeiras as projeções feitas sobre o acendedor. A beleza que ele vê na tarefa de acender e apagar estrelas pertence ao seu olhar encantado. O cuidado com o outro e a utilidade que ele vê no trabalho daquele homem, na verdade, é sua forma de ser. A sorte de poder ver milhares de vezes o sol se pôr é sua nostalgia do poente. No entanto o acendedor não percebe nada disso e o menino vai embora um pouco triste.

Descobrindo-se finito

O sexto planeta é dez vezes maior. Seu habitante é um velho que escreve em enormes livros. O menino está cansado e, pela primeira vez em sua jornada, senta-se junto ao homem, na mesa dele.

---

[41] ALVARENGA, 2015.

O velho saúda o menino. Supõe que ele seja um explorador. E pergunta de onde ele vem.

Como sempre, o príncipe faz perguntas em vez de respondê-las. Assim, fica sabendo que está falando com um geógrafo.

"– *O que é um geógrafo?*

– *É um estudioso que conhece onde se encontram os mares, os rios, as cidades, as montanhas, os desertos.*"[42]

É o maior planeta que o menino já vira. Olha em volta e começa a perguntar se lá existem mares, ou rios, ou montanhas... O geógrafo diz que não sabe, pois jamais saíra de sua mesa, anotando tudo o que os exploradores relatam para ele.

O menino conta que em seu planeta há três vulcões, sendo um extinto, e há também sua flor. O velho, para seu espanto, diz que flores não entram nos registros, pois são efêmeras!

"– *Minha flor está ameaçada de desaparecer em breve?*"[43]

É a primeira vez que o Pequeno Príncipe atenta para tal situação. Sua flor só tem alguns espinhos para se defender e está sozinha. Lembrar-se de sua rosa deixa-o preocupado, ansioso, inquieto! Afinal, ele a deixara sozinha, desamparada talvez. Pela primeira vez, tem remorsos.

O geógrafo explica que precisa de dados corretos e comprovados para registrar em seu livro; diz, também, que só pode registrar coisas permanentes, como as montanhas e mares, pois estes dificilmente deixarão de existir.

O menino está perturbado com o que soube sobre o "efêmero", mas decide continuar a viagem. Pergunta se o velho tem alguma sugestão de itinerário. Recebe, então, a informação de que há um planeta *"que goza de boa reputação"*[44]: a Terra.

Esse encontro coloca nosso herói diante das oposições entre o permanente e o efêmero, o fixo e o móvel, a presença e a ausência.

O velho geógrafo, assim como os habitantes dos outros planetas visitados, é um personagem que se ocupa apenas de uma coisa na vida.

---

[42] SAINT-EXUPÉRY, 2009, p. 51.

[43] *Ibidem*, p. 54.

[44] *Idem*.

Ele registra o que os outros testemunham. Não se permite ser o agente das descobertas, pois acredita que sua função é de salvaguardar o que os outros vivem. Ele trabalha, tem um ofício, entendido pelo menino como sendo muito importante.

O Pequeno Príncipe é instigado pelo geógrafo de diferentes maneiras. Nesse encontro, lugares inesperados de sua alma são tocados.

Temos o binômio: permanente versus efêmero. Cabe perguntar: o que é permanente e o que é efêmero? A sabedoria oriental nos diz que a única coisa permanente é a transformação. Essa máxima é incontestável do ponto de vista filosófico. As flores são efêmeras, a vida é efêmera, tudo o que é suave e delicado tende, também, a ser efêmero.

No entanto, do ponto de vista afetivo, isto é, das experiências vividas pelo coração, o desejo de eternidade, de manutenção do que nos faz bem, especialmente das relações significativas, é realidade inegável.

Nosso menino-herói fica sabendo que o fim existe e que sua amada pode desaparecer. Assusta-se por se dar conta de que a abandonara. Sua necessidade de sair em peregrinação fora maior que seu cuidado com a flor.

O velho conhece a finitude e trabalha no sentido inverso: registra, deixa anotações do que existe, apega-se ao que é imutável, pelo menos aparentemente.

O geógrafo e o príncipe, simbolicamente, compõem um eixo polar: o estudioso sedentário e o viajante sem destino. Precisam um do outro para ganharem sentido. Aquele que viaja tem, na escuta do relator, a possibilidade de registrar suas aventuras. O estudioso tem, no testemunho do viajante, a possibilidade de ampliar seus horizontes.

Vale comentar a interdependência entre o fixo e o móvel, já que, para definirmos um ou outro, não podemos nos prescindir dessa relação. Algo se move quando comparado a um fundo fixo e vice-versa.

Outro aspecto observado na relação do principezinho com o velho geógrafo é o surgimento do jovem em trânsito e do velho em repouso. Ora, essa imagem é uma bela metáfora da necessidade de enraizamento. O velho demarca o lugar das origens, permite a sensação de ancoragem, ao mesmo tempo em que norteia destinos possíveis. Quando sabemos que algo está preservando nossa história, assegurando o lugar de onde partimos e para onde podemos olhar sempre que a incerteza se instalar, a aventura se faz possível e até necessária. Resumindo, sem raízes nada cresce e sem avançar pelo espaço e pelo ar nada floresce.

Esse encontro do Pequeno Príncipe com o geógrafo demarca a descoberta da morte. Imaginar que sua flor pode sumir deixa o menino com a angústia da perda. Até então ele tinha andado a esmo. Foi de planeta em planeta só com o espírito exploratório. No entanto, agora, pede orientação para onde seguir viagem. Algo mudou, uma intenção de destino começa a despontar no horizonte. Sabe-se finito, sabe que a perda de seu objeto de amor é possível, sabe que ainda precisa conhecer mais um lugar antes voltar para seu lar e parte, pensando em sua flor.

Em cada parada, nosso herói encontrou personagens com os quais interagiu, aprendeu, fez questionamentos e comparações.

É curioso como seus pensamentos em cada partida foram se modificando. Quando conheceu o rei pensou: *"Como os adultos são estranhos!"*. Deixou o encontro com o vaidoso com expressão semelhante: *"Os adultos são mesmo muito malucos"*. O bêbado do terceiro planeta o fez pensar: *"Os adultos são muito estranhos"*. O negociante provocou-lhe a reflexão: *"Os adultos são decididamente imprevisíveis"*.

No entanto, quando conheceu o acendedor, saiu pensando em como aquele homem poderia ser mais feliz. Depois de se sentir um tanto superior ao rei, ao vaidoso, ao bêbado e ao negociante, o menino se viu tocado a um só tempo por compaixão pelo acendedor e seu infindável trabalho e inveja pela possibilidade de ver inúmeros poentes. Algo mudara nele! Agora, sentimentos mais discriminados passam a ser reconhecidos.

No sexto planeta, uma grande mudança se instala. Primeiro, ele reconhece estar cansado, depois, fica sabendo sobre o fim da Vida, da Presença, dos nossos amores! Descobre que o tempo não lhe pertence e que ele precisa encontrar um destino para sua jornada.

Emocionalmente, o Pequeno Príncipe começa a voltar para casa, mas antes irá viver a maior das aventuras e os encontros mais significativos.

TERRA, A FONTE GERADORA DE TUDO

Toda a terra se torna, assim, símbolo do consciente e de sua situação de conflito, símbolo do desejo terrestre e de suas possibilidades de sublimação e de perversão. É a arena dos conflitos da consciência no ser humano.[45]

Jean Chevalier

Uma vez na Terra, o Pequeno Príncipe fica muito surpreso por não ver ninguém. Afinal, ela fora descrita como um grande planeta. O piloto-autor, nesse momento, traça um panorama da Terra. Faz um relato sobre inúmeros reis, vaidosos, bêbados, negociantes, mas se detém longamente nos acendedores de lampiões: *"No conjunto de seus seis continentes há um verdadeiro exército de quatrocentos e sessenta e dois mil, quinhentos e onze acendedores".*[46]

Ele, o piloto, fala diretamente ao leitor e tenta explicar que planeta é esse visitado pelo príncipe. Um lugar muito maior, que abriga todas as personagens que o menino conhecera, só que em números grandiosos. No entanto demora-se imaginando a dança dos acendedores. Os pontos de luz, segundo sua visão, vão se acendendo em sequência, conforme a terra gira; o dia se vai e a noite chega. Só nos polos norte e sul é que a luz é acesa apenas uma vez ao ano.

Pode-se entender toda essa descrição como uma metáfora das possibilidades psíquicas dos seres humanos. Os complexos representados pelos reis, empresários, bêbados e vaidosos são realidades largamente encontradas nos habitantes desse mundo. A Terra, expressão primordial da matéria, do corpo, continente de almas, abriga os homens e seus conflitos. Na verdade, é a fonte geradora de tudo. No entanto, em nosso caminho de individuação, considerado por Jung como *opus contra natura*, temos a Terra como palco, cenário e enredo da tarefa de nos conhecermos.

---

[45] CHEVALIER, J.
[46] SAINT-EXUPÉRY, 2009, p. 56.

O piloto, em sua longa explanação da dança das luzes, forja uma metáfora do processo de criação de consciência. Cada luz é uma pequena fagulha acesa enquanto for necessária. O dia nasce, a consciência solar se instala, mas a noite vem vagarosamente chegando com seus mistérios, sua qualidade lunar. Um pequeno ponto de luz afasta os perigos da noite e convida ao recolhimento, para o olhar focado. E assim, sucessivamente, pontos de consciência discriminada vão surgindo e se transformando.

O pacto irreversível

Nosso pequeno herói se encontra em um deserto. Vê na areia alguma coisa amarela, parecida com meia-lua, movendo-se. É uma serpente.

O diálogo entre eles é fundamental para o destino da história.

Pela primeira vez é noite. Ele cumprimenta aquela "forma", por polidez, e recebe a resposta de praxe para a ocasião: "Boa noite". O menino pergunta onde está e fica sabendo que está na Terra e em um lugar chamado África.

"– *Ah! E não há ninguém na Terra?*

– *Aqui é o deserto. Não tem ninguém nos desertos. A terra é grande – disse a serpente.*

O Príncipe olha para o céu: – As estrelas são todas luminosas... Será que elas brilham para que cada um possa um dia encontrar a sua? Olha o meu planeta. Está bem em cima de nós..., mas, como ele está longe!"[47]

Nesse início de conversa, a serpente ilustra geograficamente o pequeno viajante. Conta que o deserto não abriga pessoas e que estas estão em outro lugar desse mesmo planeta. A característica de isolamento e ausência de vida dos desertos é apresentada naturalmente. Além disso, a serpente fica sabendo que ele está longe de casa, com nostalgia do lar, preocupado em resgatar a ligação com sua pequena estrela.

O menino pergunta se há uma intenção no brilho das estrelas. Seria para guiar o seu retorno?

"– *Teu planeta é belo. O que vens fazer aqui? – disse a serpente.*

---

[47] SAINT-EXUPÉRY, 2009, p. 57.

– Tenho problemas com uma flor."[48]

O Pequeno Príncipe admite que saiu do seu planeta por não saber como lidar com sua flor. Até seu último encontro com o geógrafo, quando teve a consciência de que ela podia sumir a qualquer momento, ele não havia atentado que a presença dela o havia empurrado para essa aventura. Ele simplesmente havia saído, sem saber exatamente por quê.

Agora ele está na Terra, buscando ver seu ponto de partida e seu destino. Eles se calam por alguns instantes. Há que se deixar o sentimento acalmar-se na alma. Momentos depois, o menino sai do silêncio e pergunta:

"– Onde estão os homens? ... A gente se sente um pouco sozinho no deserto. Entre os homens a gente também se sente só – disse a serpente."[49]

O tema da solidão se apresenta. A solidão provocada pela falta de ouvidos atentos, pela ausência de reconhecimento. A solidão que emana da invisibilidade, do sentimento de ser estrangeiro onde quer que se esteja. Aqui, a serpente começa a falar por enigmas.

Nova pausa, o Pequeno Príncipe olha-a atentamente. Ele a vê em sua singularidade. Faz, então, um comentário sobre sua aparência:

"– Tu és um bichinho engraçado, fino como um dedo...
– Mas sou mais poderosa que o dedo de um rei – disse a serpente.
– Tu não és tão poderosa assim... não tens nem patas... não podes sequer viajar...
– Eu posso levar-te mais longe que um navio."[50]

Novo enigma! Como um animal rastejante e aparentemente sem grandes atributos pode ser tão poderoso?

A razão de ser da serpente na história começa a surgir.

Ela é um ser das profundezas, capaz de renovar-se, com o poder de matar com seu veneno. O pequeno peregrino não entende o que ela está dizendo, mas logo compreenderá.

"Ela enrolou-se no tornozelo do Pequeno Príncipe, como se fosse um bracelete de ouro.

---

[48] *Ibidem*, p. 58.
[49] *Idem.*
[50] *Idem.*

– Aquele que eu toco, devolvo à terra de onde veio. Mas tu és puro e vens de uma estrela..." [51]

Ela se enrola como um bracelete, um anel, em volta da perna do menino. Em outra situação esse seria um prenúncio de morte. Ele não recusa o contato com a nova amiga; talvez, por ingenuidade, não reconheça a ameaça.

Um vínculo se forma entre eles. A serpente reconhece que ele é puro e que precisa ser respeitado em função de sua origem: é uma criatura que vem de uma estrela.

Talvez, as serpentes almejem ser estrelas, já que estas vivem no distante espaço, brilham e são amadas.... Então, diz outro enigma, uma fala com duplo sentido, especialmente para o menino, tão longe de sua terra.

"– Tenho pena de ti, tão fraco nesta terra de granito. Posso ajudar-te um dia, se tiveres muita saudade do teu planeta. Posso...

– Oh! Eu te compreendo muito bem, – disse o Pequeno Príncipe – mas por que falas sempre por enigmas?

– Eu os decifro todos – disse a serpente." [52]

A serpente mostra compaixão pelo menino. Reconhece que ele é frágil, que está num lugar duro e árido e que sente falta de sua casa.

Então, diz o derradeiro enigma dessa conversa e o menino a compreende. Algo muito forte aconteceu nesse encontro que transformou o menino e a cobra em cúmplices de vida e morte. Eles se entendem e selam um acordo ímpar, porém fundamental, para a conclusão da jornada.

Vale lembrar que a serpente é um dos símbolos mais frequentes na história humana. No dicionário de símbolos de Jean Chevalier, encontramos quase nove páginas referentes a ela: está ligada à origem da vida, e sua forma semelhante a um fio pode ser entendida como uma linha viva, uma abstração encarnada.

> Ela é enigmática, secreta; é impossível prever suas decisões, que são tão súbitas quanto as suas metamorfoses. [...] A serpente não apresenta, portanto, um arquétipo, mas

---

[51] *Idem.*

[52] SAINT-EXUPÉRY, 2009, p. 60.

> um complexo de arquétipos ligado à noite fria, pegajosa e subterrânea das origens: todas as serpentes possíveis formam juntas uma única multiplicidade primordial. [...]. Ela é o reservatório, o potencial em que se originam todas as manifestações. [...]. No plano humano, é o símbolo duplo da alma e da libido: a serpente, escreve Bachelard, é um dos mais importantes arquétipos da alma humana.[53]

Podemos pensar que a aparição desse símbolo encarnado logo à chegada do príncipe a Terra, símbolo ligado à origem da vida, à morte e à renovação, venha marcar a profundidade simbólica desse momento.

A serpente, presente no mito de Adão e Eva, provoca a mudança irreversível no destino dos seres humanos pela transgressão da ordem divina. Nilton Bonder[54] afirma que o corpo é conservador, mas que a alma, para existir, é transgressora. Adquirimos consciência quando seguimos o chamado de nossa serpente interna, noturna, radical, inesperada e criadora de vida.

A fala obscura e ambígua traduz uma das características do símbolo serpente. Na presente fábula ela é um dos sábios que o menino encontra. É uma personagem que o coloca diante dos mistérios da noite, da possibilidade de estar só cercado de gente, do poder dos venenos, do enfrentamento da mudança irreversível trazida pela morte. Podemos entendê-la como um dos aspectos da anima do nosso herói. Ela o conduz à consciência de sua inabilidade em conviver com sua flor. Ela lhe apresenta o deserto e a solidão. Ela o convida a concluir sua viagem quando se achar pronto.

Ao sabor dos ventos

Nosso herói deixa a serpente para trás e sai andando pelo deserto. Em seu caminho encontra uma pequena flor. Uma simples flor de deserto, com poucas pétalas. O menino olha para ela e pensa: "é uma florzinha *insignificante*".[55]

---

[53] CHEVALIER, 1990, p. 814.

[54] BONDER, N. *A alma imoral*. Rio de Janeiro: Rocco, 1998.

[55] SAINT-EXUPÉRY, 2009, p. 60.

Pergunta a ela onde estão os homens. Ela responde que ali não há nenhum. Diz que devem ser apenas uns cinco ou seis, pois os vira passando por ela tempos antes.

Depois, fala algo bastante importante: eles não gostam de raízes, o vento os leva de lá para cá.

Nesse encontro, o Pequeno Príncipe mostra uma postura de superioridade com relação à flor. Afinal, ela é muito simples, sem dotações, nem se compara à sua exuberante rosa.

Está no deserto, procura homens e recebe a notícia de que eles não se fixam. No olhar daquela flor do deserto, cuja raiz é indispensável à sua sobrevivência, a mobilidade dos viajantes é entendida como recusa de enraizamento e de pertencimento.

Ocorre que nosso herói é também um peregrino. Fugiu de seu planeta porque as condições de enraizamento se alteraram. Estar em seu asteroide significava estar em contato com sua flor. Esta, por sua vez, fazia perguntas e exigências que ele não conseguiu suportar. Então, saiu com o vento, desvinculou-se de suas raízes.

Agora, porém, começa a perceber como sua raiz faz falta. Sua busca de conhecimento carece da consistência que o enraizamento lhe daria! Procura sua estrela no céu e procura os homens na Terra.

Ecos da solidão

O Pequeno Príncipe encontra uma montanha.

Quando chega ao alto dela, descobre que eram muitas montanhas. Pontiagudas, áridas, duras, mas altas o suficiente para que ele visse toda a Terra e todos os homens. Assim pensava o príncipe e estava enganado.

Lá do pico onde se encontra começa a falar. Ao dizer "Bom dia", recebe as respostas "Bom dia, bom dia...". São várias vozes sem rosto respondendo a sua saudação. Então pergunta: "Quem és tu?". A resposta vem de inúmeros pontos: "Quem és tu, quem és tu?".

Ele não conhece o efeito do som nas montanhas, julga estar falando com os homens, e continua o diálogo: "Sejam meus amigos, estou tão sozinho...". A resposta vem certeira: "tão sozinho, tão sozinho...".

O menino está só. Agora, isso está cada vez mais claro.

Durante sua peregrinação, esse sentimento ou essa consciência não estava presente. Porém, agora, na Terra, longe de casa, ele se vê solitário. Procura um amigo. Alguém para compartilhar o que vive e o que viverá.

Sua postura é cambiante. Apoia-se de forma narcísica em seus conceitos depreciativos sobre aqueles que conheceu, sobre a pequena flor do deserto e sobre os homens, aqueles "seres sem imaginação" – que só sabem repetir o que ele diz. Mas quem disse que havia homens ali?

No entanto, nesse diálogo com as montanhas, cujo retorno da fala é o eco do que ele próprio diz, inicia-se uma transformação em sua psique. Isso porque as palavras repetidas pelas montanhas enfatizam uma verdade difícil de reconhecer. O tema da solidão emergiu com a força do símbolo que invade a psique e reclama por consciência. A reflexão leva-o a sentir a necessidade de ter um amigo. Mas, acima de tudo, a pergunta "Quem és tu" leva-o ao maior dos questionamentos: afinal, quem é ele? E, quem sabe, o Pequeno Príncipe tenha se perguntado: "Quem sou Eu? ".

Até então ele foi um menino que saiu de seu planeta quando surgiu, em sua vida, uma nova e maravilhosa flor. Percorreu um caminho que o levou a conhecer pessoas "estranhas", com as quais não quis ficar. No entanto, a partir da percepção da finitude e do encontro com sua própria fala nas montanhas, algo começou a mudar. Ele se viu só e sentiu-se só.

Percepções transformadoras

O Pequeno Príncipe caminha buscando os homens. Chega a uma estrada e conclui estar perto de achá-los, pois, segundo sua visão, as estradas sempre levam aos homens.

Muito polido, cumprimenta um jardim de flores que encontra em seu caminho. Recebe a resposta esperada, porém percebe que são milhares de flores exatamente iguais à sua!

Na conversa com elas fica sabendo que são "rosas". Portanto sua amada flor também é uma rosa!

Fica perplexo, pois acreditava que sua rosa era a única do universo, aliás, ela própria se descrevia assim!

A primeira reação do menino é pensar na vergonha de sua flor ao se vir desmascarada: fingiria passar mal, simularia um ataque e ele deveria fingir que cuidava dela, pois ela poderia até morrer de verdade só para humilhá-lo.

E ele deposita nela sua própria decepção pela grandiosidade perdida. A vergonha seria dela, as manobras de escape, também. A sua rosa seria uma manipuladora e ele cativo da habilidade dela em colocar-se em primeiro plano. O poder estava projetado nela. Ele nada mais fazia do que atender a seus caprichos. Então precisava desqualificá-la para recuperar-se do efeito que ela provocara nele.

Mas a emergência simbólica não lhe dá tréguas e a consciência da defesa sombria o assusta. O Pequeno Príncipe se dá conta de que ele próprio não é nada especial: sua flor não era a única do universo, seus vulcões mal alcançavam seu joelho e um deles ainda estava extinto! Percebeu, então, que não era um príncipe poderoso. Deitou-se na relva e chorou.

Nesse momento, ele atenta para sua própria pequenez. Sua flor, vista como a única do mundo, servia à sua ilusão de ser especial. O principezinho se dá conta também de que poderia ser visto como um embuste. Afinal, ele era príncipe de qual reino? Tudo quanto havia pensado a respeito do rei e do vaidoso era aplicável a si próprio. O rei, com seu reino imaginário, assim como o vaidoso, com suas fantasias de grandeza, eram parte dele. Sem saber, nosso menino tinha em si a soberba e a vaidade.

O jardim de rosas tira-o da ilusão de grandiosidade de si próprio que carregava; sua autoimagem sofre golpe implacável. A função simbólica, uma vez instaurada, não lhe dá tréguas; a reflexão profunda que viabiliza os *insights* transformadores apresenta-se a ele. Mas o processo a ser vivido, nesse momento, dói como dor de alma.

Cativar, uma dinâmica do encontro

Deitado no chão, chorando, com o corpo todo em contato com a terra, com o húmus primordial, cônscio de sua humanidade e, consequentemente, da necessidade de render-se à sua humildade, o menino escuta uma voz.

Pela primeira vez, algo ou alguém se antecipa e lhe dirige a palavra. Até então, todas as conversas tinham sido iniciadas por ele. Desta vez, no entanto, no momento em que chora de tristeza, uma voz diz: *"Bom dia!"*. Ele responde, mas não vê ninguém. A voz diz: *"Eu estou aqui, embaixo da macieira"*.

É notável como essa fala *"Eu estou aqui"* pode ter sentidos diversos e profundos. Desde a simples sinalização de um local, à explicitação da disponibilidade em estar junto, em compartilhar.

"– Quem és tu? – perguntou o principezinho – Tu és bem bonita...
– Sou uma raposa."[56]

É o encontro do menino triste com uma raposa que está embaixo de uma macieira. Essa não é uma árvore qualquer! Trata-se da árvore do conhecimento e da vida na mítica judaico-cristã. Seja num sentido ou no outro, aproximar-se dela significa entrar em contato com a discriminação, com a separação dos opostos e a colocação de uma necessidade: a de escolher.

Logo que chegou à Terra, o Pequeno Príncipe encontrou a serpente, inegavelmente ligada à mítica da macieira e da maçã. Mas a fala dela com o menino foi a revelação de sua dotação de conferir a morte, a viagem sem volta para o lugar de origem. A serpente apartada da macieira, nessa fábula, tem a função de promover a transformação radical da jornada do príncipe.

Agora, a raposa embaixo da macieira o encontra. Ela será a interlocutora de outro tipo de transformação.

Chevalier diz que a raposa encarna a ideia de contradição da condição humana. Em diferentes culturas, ela aparece como o pecado e

---

[56] SAINT-EXUPÉRY, 2009, p. 65.

a justiça, a independência, a satisfação com a existência, ativa, inventiva, mas destruidora, audaciosa e medrosa, inquieta, astuciosa.

Ela surge na vida do menino justamente quando ele sai da condição de extraordinário para a condição de ordinário. A raposa, que congrega em si os contrários, será um guia importante na redenção do Pequeno Príncipe.

O menino dourado pede a ela que brinque com ele. É um pedido feito humildemente e, pela primeira vez, um convite à interação, ao diálogo, muito diferente das infindáveis perguntas feitas nos encontros anteriores.

Para sua surpresa, a raposa coloca condições para aceitar o convite. Ele deveria cativá-la primeiro.

É curioso observar que a raposa coloca no plural a necessidade de ser cativada antes de brincar ou compartilhar alguma coisa com alguém. Essa é a condição para um contato significativo, e isso ela exige de todos. Ela diz: *"Eu não posso brincar com você porque não me cativaram ainda"*.[57]

Brincar é uma atividade fundamental para a aquisição de várias competências. Erroneamente, é um ato frequentemente tido como legítimo somente às crianças. No entanto o jogo, a brincadeira, permite uma aproximação leve e criativa entre as pessoas. Muito longe de ser uma atividade menor, é essencial para a *solutio* de conteúdos imobilizadores.

O principezinho pede para brincar porque está triste. Ele busca dissolver a tristeza pelo jogo, pela troca com a raposa de uma forma divertida e suave. Em seu coraçãozinho não há espaço para mais dor, ele precisa do afeto e da cumplicidade que a brincadeira contém.

No entanto a raposa o instiga com uma nova proposta: *"Preciso, antes, ser cativada"*. Ele se constrange, talvez com a própria ignorância, e pergunta o que significa cativar.

A raposa não responde e depois de afirmar que ele não era daquele lugar, pergunta: *"O que procuras?"*.

Pela primeira vez, o príncipe ouve essa pergunta. Na verdade, ele só consegue falar de seu desejo imediato: *"Procuro os homens"*. A busca implícita em toda a jornada ainda está obscura para ele.

---

[57] SAINT-EXUPÉRY, 2009, p. 65.

Fica sabendo que, segundo a raposa, os homens são terríveis, caçadores implacáveis, cuja única benesse é o fato de criarem galinhas.

"– *Procuras galinhas?*

– Não – disse o Pequeno Príncipe – Eu procuro amigos. O que quer dizer 'cativar'?"[58]

Nosso herói não desiste de uma pergunta, mas nesse momento diz que deseja amigos, indicando sua necessidade de contato. Há um acréscimo de discriminação nessa afirmação, uma vez que admite sua carência.

Por fim, a raposa responde que "cativar" significa criar laços, mas que isso tem sido esquecido.

Explica ao curioso menino que, inicialmente, ele é igual a milhares de outros meninos, assim como ela é igual a milhares de outras raposas. No entanto, se eles se cativarem, passarão a ser únicos no mundo um para o outro. E terão necessidade um do outro.

"– *Começo a compreender – disse o Pequeno Príncipe. Existe uma flor... Acho que ela me cativou...*"[59]

Camada a camada, o menino dourado vai se aproximando de realidades que estavam ocultas nele. Entender que a flor o cativou, significa entender que precisa dela, assim como ela precisa dele.

A raposa fica sabendo que ele não é daquele planeta. Fala sobre sua vida monótona de caçar galinhas e ser caçada pelos homens, que nada significam para ela. Todas as galinhas são iguais e todos os homens também. Com isso, ela fala do vazio que a falta de vínculos produz. Não há brilho, não há alegria, apenas a repetição incessante da luta pela sobrevivência.

Mas se o príncipe a cativar, tudo será diferente. O som de seus passos fará com que ela saia da toca, ao contrário do som dos passos de um homem qualquer.

"– *Vês lá longe os campos de trigo? Eu não como pão. O trigo para mim não vale nada. Os campos de trigo não me lembram coisa alguma. E isso é triste! Mas tu tens cabelos dourados. Então será maravilhoso quando*

---

[58] SAINT-EXUPÉRY, 2009, p. 66.

[59] *Idem.*

me tiveres cativado. O trigo, que é dourado, fará com que eu me lembre de ti. E eu amarei o barulho do vento no trigo..."[60]

Essa fala da raposa é pura poesia e nos remete à relação entre memória, imagem e significado. As imagens que povoam nossa memória são a fonte para inúmeros sentidos. De outra parte, os afetos podem ser transformados a cada retorno, a cada nova compreensão das imagens em nossa memória, e novos sentidos podem surgir. A raposa deixa isso claro quando fala dos campos de trigo. Uma imagem significativa pode evocar memórias intensas, às vezes dolorosas, às vezes regeneradoras, às vezes felizes. É notável como podemos sofrer mais com a perda de uma fotografia do que com a perda de um objeto tido como valioso. O valor de uma memória está no sentido acoplado na imagem que a provoca.

A raposa pede, então, ao principezinho, que a cative. Pede gentilmente, mas ele diz que não pode, pois tem pouco tempo, tem muitas pessoas para conhecer e coisas a descobrir... Ele tem pressa!

O menino está numa atitude superficial, confundindo quantidade com qualidade; quer conhecer novos amigos, antes de saber como fazê-lo, ou compreender o significado disso. A raposa começa, então, a ensinar ao príncipe a relação entre conhecer e criar laços. *"Só conhecemos de fato aquilo que cativamos"*,[61] diz a raposa. Com isso, ela quer que ele a conheça. Com vagar, com cuidado, sem pressa, com atenção e persistência.

O Pequeno Príncipe pergunta como fazê-lo e recebe lições sobre como se aproximar e se comunicar pela linguagem dos gestos. *"As palavras são grande fonte de mal-entendidos"*,[62] diz a mestra raposa.

Depois disso, explica que, nessa aproximação, é importante que sejam definidos rituais.

"– Teria sido melhor se voltasses à mesma hora – disse a raposa – se tu vens, por exemplo, às quatro da tarde, desde as três eu começarei a ser feliz. Às quatro horas, então, estarei inquieta e agitada: descobrirei o preço

---

[60] SAINT-EXUPÉRY, 2009, p. 67.

[61] *Idem.*

[62] *Idem.*

da felicidade! Mas, se tu vens a qualquer momento, nunca saberei a hora de preparar meu coração... é preciso que haja um ritual."[63]

A raposa descreve o processo da criação de vínculos e seu significado. É um movimento do coração, os sentimentos ficam em primeiro plano e, assim, o caos pode surgir. Então a alma pede por algum contorno.

O ritual é o que faz de um momento algo especial, diferente do ordinário dos dias. A raposa pede respeito a um horário. Ritualiza o contato dos dois, o que permite suportar de forma criativa a ansiedade pelo encontro. Esse é o custo afetivo pela espera de momentos felizes.

Vale lembrar que, nos rituais vigentes em todas as culturas, há gestos e falas que se repetem. Com isso, cada vez que alguém se envolve em um ritual, está, a um só tempo, ligando-se com ações da história daquela pessoa e daquele povo e se preparando, protegendo-se para contatar algo novo. Os rituais são portais para um estado de alma especial, pois sempre há algo de novo nos fatos antecipados pelo desejo.

Assim, o príncipe e a raposa se cativaram.

Por conselho dela, ele volta ao jardim de rosas. O que ele vê é totalmente diferente. Aquelas rosas são iguais entre si, mas de forma alguma são iguais à sua rosa, porque ele se dedicara a ela, ele a ouvira e a protegera das ameaças. Ela era a sua Rosa, única no universo.

O Pequeno Príncipe volta para despedir-se e ouvir os segredos com os quais ela prometera presenteá-lo. Primeiro, eles conversam sobre a tristeza da separação. A raposa diz que chorará, mas sempre terá o trigo dourado para lembrar-se dele. Novamente se refere à memória, evocada pela imagem, cujo significado secreto será a base de um ritual de aproximação.

Compartilhar segredos é inerente às relações de intimidade. Porém há que se cultivar a competência de conter a inteireza daquele que o revela. A confiança no respeito e entendimento daquele para quem é revelado algo secreto faz com que o vínculo se estreite. Não se pode jogar pérolas aos porcos, que, indiscriminadamente, comem tudo. É um presente precioso e poderoso. Vale lembrar que segredo e sagrado têm a mesma raiz.

---

[63] *Idem.*

Os segredos que a raposa divide com o príncipe são as falas mais populares de todo o livro. E são, igualmente, as falas mais controversas. Como foram acolhidas pelo senso comum, há quem desqualifique esse dado e isso diminui seu sentido secreto, isto é, seu caráter precioso e misterioso.

O segredo da raposa, que, na verdade, divide-se em três, surge como sopros de vida na alma faminta de significados desse pequeno peregrino, em busca incansável.

"– Só se vê bem com o coração, o essencial é invisível para os olhos..."[64]

Ver além da aparência, partindo do código da dinâmica do coração, que segundo Alvarenga é a dinâmica da inclusão das relações paritárias, implica reconhecer a poesia oculta nos fatos mais corriqueiros e pessoas mais comuns.

Simbolicamente, o coração é, por excelência, o centro da vida. O essencial nas pessoas, projetos, relações, também é traduzido pela expressão simbólica do coração. A vida, para pulsar, precisa do oxigênio produzido pelo afeto. O essencial é visível para a alma em conjugação com o coração. É um entendimento para além do *logos*, embora o contenha. No entanto parece uma fala simples e o é, mas a simplicidade carrega a pureza e a verdade.

"– Foi o tempo que perdestes com tua rosa que a fez tão importante."[65]

Há que se dedicar tempo e energia na construção de uma relação. Isso pode ser entendido intra e extra psiquicamente.

A rosa inspirou cuidados ao principezinho. Ela surge como anima inspiradora. Ele acolhe o chamado inicial. Cobre-a de atenção, dedica grande parte de seu tempo aos meios de protegê-la. Como elemento de "depositação" projetiva, a rosa viabiliza que o menino descubra necessidades até então insuspeitas em si próprio. Sempre tendo a rosa como referência, ele parte em busca de si mesmo. Esse tempo perdido, quer dizer, irrecuperável, corresponde à mudança irreversível que essa relação provocou nele.

---

[64] SAINT-EXUPÉRY, 2009, p. 70.

[65] *Ibidem*, p. 72.

Da mesma forma, quando pensamos no chamado interno da alma, no convite à transformação de padrões conhecidos e gastos, há que se dedicar tempo e energia nesse processo. Essa dedicação confere valor ao que será encontrado. A busca de um diálogo entre o ego e a alma não acontece gratuitamente. É dispendioso e, por isso, o que se constrói é muito importante.

O casamento interno proposto pela alma vai além da relação com outra pessoa. Ele inclui as relações com os diferentes aspectos de cada um. Somos povoados por vários arquétipos, cujas manifestações podem ser vividas como a presença de um outro dentro do um. Então as conversas entre os diferentes aspectos de cada personalidade podem gerar uniões criativas, e filhos de um tempo novo veem à luz. Quando esse trabalho tem a participação da consciência, o que se encontra é precioso.

"– *Tu te tornas eternamente responsável por aquilo que cativas.*"[66]

Essa fala é, talvez, a mais popular de todo o livro. Por quê?

Pensamos na importância de considerar o senso comum. Muitas pessoas entenderam esse dito da raposa como uma verdade incontestável. Ideias compartilhadas têm força. Então vale a pena pensar nelas.

Quando nos envolvemos num relacionamento amoroso a dois, seja povoado por *eros*, seja de amizade, ou de filiação, esperamos que as promessas intuídas na construção desse encontro sejam cumpridas. Esperamos que nosso objeto de amor permaneça fiel e leal.

Essa é uma demanda da *anima,* segundo Alvarenga.

> *Na dinâmica do terceiro tempo da consciência, dinâmica de alteridade, a relação simétrica entre os pares configura demanda maior e o binômio fidelidade-lealdade estabelece a condição inalienável do relacionamento entre as pessoas.*[67]

Cativar alguém, quando se vê o outro como outro, é uma condição para o estabelecimento da dinâmica de alteridade. Para tanto, *contratos* são estabelecidos e, um deles, talvez o mais imediato, é poder contar com o cuidado e o respeito do outro. Isso implica dar valor aos

---

[66] SAINT-EXUPÉRY, 2009, p. 72.
[67] ALVARENGA, 2015, p. 7.

sentimentos provocados pelo encontro. Ficamos vulneráveis quando abrimos o coração para um relacionamento. Dessa forma, delicadeza, fidelidade e lealdade são condições indispensáveis.

A raposa fala em responsabilidade.

Falamos aqui de responsabilidade para além da ideia do dever e da culpa. Podemos entendê-la como o processo de "responder por", de saber-se agente da própria ação e dos próprios sentimentos. Projetar nos outros a motivação para nossas atitudes não cabe aqui.

Lembrando que cativar significa criar laços e, portanto, fazer vínculos, as relações que estabelecemos com o outro no mundo externo e com o outro que nos habita são de nossa responsabilidade. Elas implicam cultivar vínculos com o diferente. O outro em nós pode, também, ser entendido como um trabalho, um projeto, um confronto com aspectos desconhecidos, isto é, toda vivência que implique a necessidade de criarmos laços, meios de comunicação e influência entre nossas demandas psíquicas. Não se trata de dever, mas de respeito e escolha.

A raposa nos remete à necessidade de assumirmos as escolhas que fazemos. O tema da macieira, primeiro local onde ela aparece na fábula, como símbolo de discriminação e transformação, volta a surgir.

Nosso príncipe é responsável, acima de tudo, por assumir que escolheu ouvir sua anima, com tudo que isso significou.

Ele sai diferente do encontro com a raposa. Agora, tem uma verdadeira amiga. A palavra amizade vem do latim *"amicitia*, que significa, originalmente: amor, amizade, simpatia, benevolência".[68] Amizade é um relacionamento humano que envolve conhecimento mútuo e afeição, além da lealdade ao ponto do altruísmo.

Agora, o menino de cabelo dourado sabe que as relações são essenciais para ficar mais próximo do que procura. Entendeu que o valioso e o único dependem do reconhecimento e do intercâmbio entre olhar e sentir, entre ver e discriminar, entre sonhar e fazer.

---

[68] CRETELLA JUNIOR, J.; CINTRA, G. de U. *Dicionário Latino-português*. São Paulo: Cia Editora Nacional, 1953. p. 77.

Imaginação à deriva

O principezinho deixa a raposa e tem, depois, dois encontros intrigantes.

Encontra em sua caminhada uma linha de trem, coisa que jamais tinha visto antes. O trem cheio de gente, indo e vindo, aparentemente, sem saber para onde. O manobreiro diz que os passageiros nunca sabem olhar por onde passam, têm pressa. Apenas as crianças se ocupam de observar o caminho.

Nessa passagem, mais uma vez o autor, na voz do príncipe, faz críticas à postura e aos valores dos homens adultos e "sérios". Têm pressa, vão como rebanhos para destinos rotineiros. Não há espaço para a imaginação ou o improviso. Tudo está predeterminado. O menino, depois de conhecer a raposa, entende o caráter pernicioso da pressa, pois esta pode estar unicamente servindo à resistência de experimentar algo novo.

O vendedor é verdadeiramente insólito. Vende pílulas que fazem sumir a sede, porque acredita que assim sobraria "tempo". Essa proposta contraria o que é natural. Mais do que isso, ao suprimir a necessidade de saciar a sede, perde-se o contato com o que é vital.

O Pequeno Príncipe não contesta o vendedor, mas pensa: se eu tivesse esse tempo sobrando, caminharia calmamente a uma fonte. Ele está em sintonia com o que é essencial para a vida. Quer saber o que procura, quer desfrutar dos caminhos, quer beber da fonte.

O SENTIDO OCULTO DAS COISAS

O deserto comporta dois sentidos simbólicos essenciais: é indiferenciação inicial ou a extensão superficial, estéril, debaixo da qual tem de ser procurada a Realidade.[69]

Jean Chevalier

Chega o oitavo dia após a pane e a última gota de água é consumida. É, também, o oitavo dia desde que o piloto e o príncipe se encontraram pela primeira vez. Estão no deserto, apenas um com o outro.

Deserto é silêncio.

Remete à aridez, à areia, à solidão. A areia é líquida como a água e abrasiva como o fogo. O deserto é a imensidão de areia que molda e que acolhe. Tem a simbologia de desamparo, desproteção, infertilidade, infinito, de estar perdido, sem nome. Desalento, caos, lugar de possibilidades, da surpresa, do encontro consigo mesmo e com o outro. Muitas vezes encontramos o outro no momento do deserto da vida. No deserto encontramos o outro também perdido. Comunhão de sofrimento, comunhão com o outro. Comunhão da espera. É um lugar longe, não se vê nada, não se escuta nada. É a terra da areia.

O deserto está ligado à espera de chegar onde há água, onde há alento e salvação. Espera não é o mesmo que esperança. Esperar é algo ligado à angústia, ao desassossego, à possibilidade de morte. A esperança é um atributo humano, está ligada à vida, reconecta-nos com a fé.

Onde há vida, deve haver esperança. A esperança nos mantém em movimento. Ou como escreveu T.S. Eliot: "Vai, vai, vai, disse o pássaro: A espécie humana não pode suportar tamanha realidade".

E se a esperança é a força emocional fundamental da vida, talvez também seja, como sugere Eliot, seu oposto:

---

[69] CHEVALIER, 1990, p. 331.

> o engano básico como a espera e o desejo que nos afastam do momento.[70]

O piloto e o principezinho estão isolados no deserto. A água acabou e eles estão expostos a uma realidade assustadora. O piloto está preocupado com o risco de morte. E o diálogo entre eles adquire uma nova qualidade. Até então, o principezinho tinha relatado sua viagem. Contara quem havia conhecido, o que havia pensado e aprendido. Agora, estão os dois diante do deserto e da sede, com a vida em perigo, e o menino parece falar por enigmas.

É curiosa essa transformação. Ao chegar à Terra, o menino conheceu a serpente que falava por enigmas. Depois, ele entendeu o sentido oculto dessa fala. Agora, é ele quem deixa o piloto com a sensação de não ser compreendido; quando é o próprio piloto que está tão envolvido em seus assuntos sérios que não vê o sentido oculto do que está sendo dito.

O diálogo entre eles é muito poético e marca um momento em que eles estão em lugares aparentemente diferentes.

O adulto olhando a criança como menor, ingênua, priorizando seu entendimento das coisas ditas sérias.

Sem água não se vive e o príncipe sabe disso, mas essa não é a única questão para ele, pois sabe ver com o coração a situação em que se encontram.

O piloto fala de morte e o príncipe fala que é bom morrer ao lado de um amigo. O piloto pensa que o menino não precisa de água e o menino lê seu pensamento e diz também ter sede, e acrescenta: "procuremos um poço". É um diálogo, inicialmente, desconexo, mas, por fim, eles entendem que estão mais próximos do que nunca. Mesmo desanimado pela lógica do deserto, o piloto concorda em sair em busca de água.

O invisível marca esse momento. Eles se comunicam para além das palavras e saem movidos pela possibilidade de encontrar uma fonte escondida nos confins do deserto.

Simbolicamente, o Pequeno Príncipe atua como a criança interna do piloto, que o instiga a lançar-se na aventura de descobrir, em algum lugar desconhecido, a preciosa água de que precisam.

---

[70] HILLMAN, J. *Psicologia arquetípica*. São Paulo: Cultrix, 1998. p. 169.

Jung afirma que "a natureza do símbolo redentor é a de uma criança, isto é, a atitude de criança, ou a atitude não preconcebida faz parte do símbolo e de sua função".[71] O principezinho, com seu convite à procura de água, concorre para a redenção do piloto, reaproxima-o de aspectos perdidos em si mesmo e, especialmente, o conduz à esperança.

Andaram horas em silêncio, até a noite chegar, assim como as estrelas e a lua.

> O silêncio é um prelúdio de abertura à revelação. [...]. Abre uma passagem. [...] O silêncio envolve os grandes acontecimentos. [...]. Dá às coisas grandeza e majestade. [...] O silêncio, dizem as regras monásticas, é uma grande cerimônia. Deus chega à alma que faz reinar em si o silêncio.[72]

Daqui para frente, a relação entre eles ganha um novo sentido. O silêncio é a morada da palavra e a ela dá força e fecundidade, diz Henri Nouwen.[73] As palavras com significado nascem do silêncio. Nas falas dos monges do deserto distinguimos três aspectos do silêncio: faz-nos peregrinos, ensina-nos a falar e guarda o fogo interior. O piloto pensa nas palavras do menino. É noite, eles estão cansados e febris, e começam a falar sobre coisas até então ocultas.

Assim como o Pequeno Príncipe encontrou a serpente à noite, ele e o piloto terão um verdadeiro encontro nessa noite em que caminham em busca da água e da vida. A noite representa a entrada nas trevas, a preparação para o dia seguinte. Pede recolhimento, pode ser vista como uma metáfora do lado sombrio da personalidade. Ela traz o medo, o escondido, a ausência de luz. Na noite, o vir a ser fermenta.

A noite acolhe em seu seio o brilho das estrelas e da lua. Tudo o que é evidente à luz do dia desaparece. A obscuridade é seu elemento e o inconsciente é seu espírito. No sono da noite, o inconsciente se libera.

"Tu tens sede também?", pergunta o piloto. O menino diz apenas: *"A água pode, também, ser boa para o coração"*. O piloto não entende sua resposta e se cala.

---

[71] JUNG, v. VI, par. 491-492.

[72] CHEVALIER, 1990, p. 834.

[73] NOUWEN, H. J. M. *A espiritualidade do deserto e o ministério contemporâneo*. São Paulo: Edições Loyola, 2004.

Depois de uma pausa, o Pequeno Príncipe fala que *"as estrelas são belas por causa de uma flor que não se pode ver...".*

Estavam sentados na areia iluminada pela lua. O piloto começa a compreender e diz: *"É verdade"*, enquanto observava as dunas.

"– O deserto é belo – acrescentou...

– O que torna o deserto belo – disse o principezinho – é que ele esconde um poço em algum lugar."[74]

O piloto se dá conta de que, finalmente, entendeu o sentido oculto das coisas. Amava o deserto, especialmente pela irradiação que podia vir do seu silêncio. Ele se lembra da lenda de um tesouro oculto no terreno de sua casa de infância. Sendo verdade ou não, a possibilidade de haver algo valioso escondido enchia de encanto e mistério seu lar distante de outrora. Teve a compreensão repentina de que a beleza está oculta no coração das coisas.

"– Sim, quer seja a casa, as estrelas ou o deserto, o que os torna belos é invisível!"

Ao que o menino responde:

"– Estou contente de que estejas de acordo com a minha raposa."[75]

Os laços entre eles estavam criados! E o menino incluiu a raposa. Afinal, ela fora sua mestra, ela o cativara e fazia parte dele. Calaram-se e o principezinho dormiu. O silêncio é o caminho para transformar a solidão em realidade e, com o Pequeno Príncipe adormecido em seus braços, o piloto prossegue a caminhada. Está comovido com o tesouro que carrega. Nada lhe parece mais frágil sobre a terra. E, talvez em um vislumbre do que viria, pensa: *"O que eu vejo não passa de uma casca. O mais importante é invisível...".*

É o homem carregando sua criança adormecida, uma bela metáfora do processo de inclusão de um novo símbolo na consciência. O menino que o desconcertou e o intrigou até então, está ali, em total entrega a seu novo amigo. Muito próximo e vulnerável. Novos tempos se anunciam e caberá ao piloto dar conta das transformações que precisam acontecer.

---

[74] SAINT-EXUPÉRY, 2009, p. 76.

[75] *Idem.*

> Um aspecto fundamental do motivo da criança é o seu caráter de futuro. A criança é o futuro em potencial. Por isto a ocorrência do motivo da criança na psicologia do indivíduo significa em regra geral uma antecipação de desenvolvimentos futuros, mesmo que pareça tratar-se à primeira vista de uma configuração retrospectiva. A vida é um fluxo, um fluir para o futuro e não um dique que estanca e faz refluir. Não admira, portanto, que tantas vezes os salvadores míticos são crianças divinas. Isso corresponde exatamente às experiências da psicologia do indivíduo, as quais mostram que a "criança" prepara uma futura transformação da personalidade.[76]

O principezinho sorri em seu sono. O coração do piloto se enche de carinho e, em um acordo intimista, chega à conclusão de que precisa cuidar dessa criaturinha que carrega uma flor oculta na alma.

"– O que tanto me comove nesse príncipe adormecido é sua fidelidade a uma flor; é a imagem de uma rosa que brilha nele como a chama de uma lamparina, mesmo quando ele dorme..."[77]

Assim pensava aquele homem recém-conduzido à própria ternura. Quando o dia amanhece, avista um poço.

Correlação de significados

Era um poço de aldeia, com corda, roldana e balde; não parecia com os buracos na terra comuns no Saara. A sede e o cansaço são tantos que o piloto pensa estar vendo uma miragem.

À beira do poço, eles conversam sobre os homens que andam sem saber para onde. O piloto e o príncipe estão em um movimento diferente, quase oposto: sabem o que procuram e, nos confins do deserto, encontram a almejada água.

Estavam ali, com tudo que era necessário para chegar à água, como se ela estivesse esperando por eles.

A água simboliza a vida, especialmente, é fonte de vida, meio de purificação e centro de regeneração. Contém a infinidade dos possíveis.

---

[76] JUNG, 1998, v. 9/1, p. 278.
[77] SAINT-EXUPÉRY, 2009, p. 76.

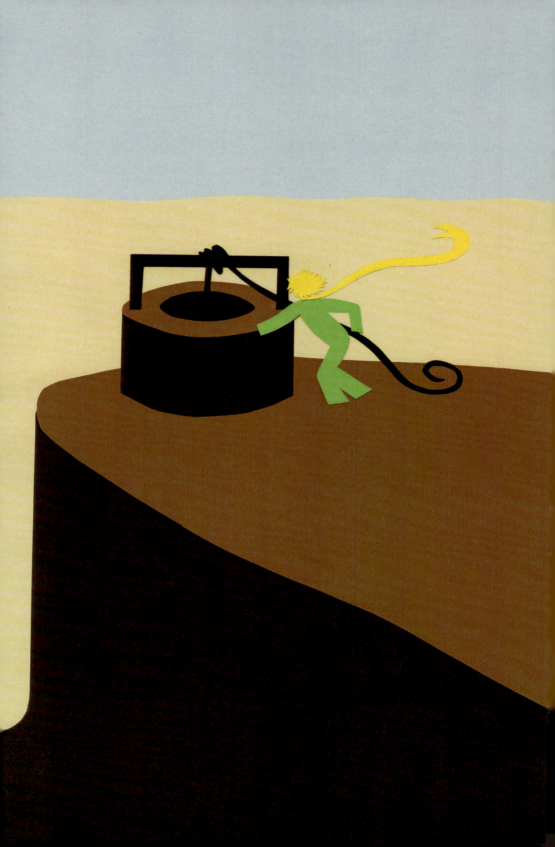

Contém todo o virtual, todo o informal, germe dos germes, todas as promessas de desenvolvimento, mas todas as ameaças de reabsorção. É símbolo de fluidez, de seiva, de crescimento e desenvolvimento. A água é a alma divina expressa na matéria. Sem água não há possibilidade do vir a ser.

O Pequeno Príncipe ri, pega a corda e a roldana e comenta que estão acordando o poço. Para poupar o menino, o piloto puxa a água para a borda do poço.

"– *Tenho sede dessa água – disse o principezinho.*

– *Dá-me de beber...*"[78]

O piloto compreende o que príncipe busca. Aquela água é muito mais que um alimento para o corpo. É um bálsamo para a alma e contém todo o percurso deles até aquele momento. Lá estão: a areia, as estrelas, a força do braço do piloto, a comunicação com o coração. Aquele momento marca um elo entre tudo o que se foi e o que estaria por vir.

O poço tem contato com o que se vê e o invisível. Parte dele é sobre a terra e a outra parte penetra as profundezas. É uma construção humana que busca a resposta da terra. A água que sai do poço é uma benção da natureza. Os poços marcam a presença humana em uma localidade. A cidade tem como tarefa básica garantir o abastecimento do que é fundamental para a vida. Essa é a justificativa e causa da sua criação. Tanto o poço como a cidade são elementos fixos, estáveis em sua essência, mas essa estabilidade é que permite a mobilidade dos homens. Caminhar a partir de um ponto de saída e de chegada é uma necessidade que garante a inteireza da alma. Alma esta que passeia entre a profundidade e a superfície, entre o concreto e o abstrato, entre a imagem e a imaginação.

Esse momento na saga de nossos heróis é muito tocante, especialmente por sua semelhança com uma passagem bíblica que narra o encontro de Jesus e a Samaritana.

Jesus, em peregrinação pela Galileia, senta-se em uma fonte para descansar. Estava nas terras da Samaria, cujos habitantes, tradicionalmente, têm diferenças com os judeus. Uma mulher chega à fonte para

---

[78] SAINT-EXUPÉRY, 2009, p. 78.

pegar água. Jesus pede a ela que lhe dê um pouco. Ela, surpresa com o pedido, diz-lhe:

"Como, sendo tu judeu, pedes de beber a mim, que sou mulher e samaritana?". Jesus disse-lhe: "Se tu conheceras o dom de Deus e quem é o que te diz – dá-me de beber, tu lhe pedirias e ele lhe daria água viva".[79]

O que é a água viva a que Jesus se referiu? A água viva, a água da vida se apresenta como um símbolo primordial, presente na raiz de toda a criação e, porque ela cura, purifica e rejuvenesce, conduz ao eterno.

A água se reveste, então, de um sentido de eternidade. Aquele que bebe dessa água viva participa, antecipadamente, da vida eterna.

O encontro de Jesus com a samaritana acontece ao lado do poço de Jacó. O poço, em si, conserva uma água estagnada e Jesus flui águas vivas. Ele tem a profundeza da cisterna e a mobilidade do rio.

"Minha alma tem a sede do Deus vivo", diz o salmista. Em várias passagens do Antigo Testamento, essa sede de Deus se expressa como no simbolismo das águas da alegria dos profetas, o das águas da sabedoria e da lei. Para nós, tais alusões oferecem uma profundeza inesgotável. A alma e a água se encontram no poço.

O piloto alcançou um entendimento profundo do que é essencial para nutrir a alma. O Pequeno Príncipe fala sobre os homens que *cultivam 5.000 rosas e não acham ali o que procuram... No entanto, o que eles procuram poderia ser encontrado em uma só rosa ou em um copo de água. Mas os olhos são cegos, é preciso procurar com o coração".[80]*

Ele fala da procura comandada pela alma e, por que não dizer, pelo *Self*, que sabe onde devemos chegar. O olhar do coração inclui o outro como igualmente importante. E as demandas e carências de cada um precisam do compromisso com a aventura de procurar em caminhos desconhecidos, mas necessários.

Segundo os estudiosos católicos Fiores e Goffi,[81] a caminhada do menino e do piloto pelo deserto em busca de água vai muito além de saciar a sede do corpo. Fome, sede, pão, água e caminhar são todos termos que

---

[79] *A Bíblia*, João, 4: 9-10.

[80] SAINT-EXUPÉRY, 2009, p. 79.

[81] FIORES, S.; GOFFI, T. *Dicionário de Espiritualidade*. São Paulo: Paulinas, 1989.

oferecem níveis de significado superpostos e correlativos: físico, psíquico e espiritual. São elementos da busca de "saber-se".

Alma, água, vida e Deus, estão e estarão sempre lá, onde o sonho se junta com a vontade, onde o coração se junta com a fé, onde medo e coragem se olham de frente.

Diálogo sem palavras

Os dois estão salvos pela água, saciados da sede do corpo, mas o piloto é dominado por uma estranha tristeza. Mesmo a areia cor de mel, como o cabelo do príncipe, que o deixa feliz, não apazigua sua alma.

O Pequeno Príncipe, então, pede que ele desenhe uma focinheira para seu carneiro, conforme havia prometido. O piloto mostra os desenhos que fez dos baobás e da raposa e o menino ri deles, fala que os baobás parecem repolhos e que a raposa está com chifres! Ao que o piloto replica: *"Até agora só sabia desenhar jiboias abertas e fechadas! E caprichei tanto nos baobás..."*.[82]

É notável que tanto a jiboia com o elefante como a caixa do carneiro são desenhos que escondem o mais importante. O essencial está invisível aos olhos. O coração enxerga com imaginação, preenche o oculto com o desejo e a fantasia.

Mas o menino quer a focinheira e tem uma função bem clara para ela: proteger sua flor. Desta vez, pede algo definido e objetivo.

Com esse pedido, o piloto começa a intuir que o menino planeja algo. As perguntas que faz são respondidas não com palavras, mas com o enrubescimento do rosto do principezinho, pressupondo resposta afirmativa.

Descobre que o Pequeno Príncipe chegou à Terra perto daquele lugar, que estava vagando no deserto para retornar ao ponto de chegada, que sua volta tem relação com o aniversário de um ano vivido em nosso planeta.

Sua tristeza assinala o tempo todo que algo doloroso está para acontecer; conclui que o menino irá partir e teme por isso.

O diálogo entre eles atinge então um grau de intimidade que pouco precisa ser dito para que o entendimento se faça.

---

[82] SAINT-EXUPÉRY, 2009, p. 80.

O príncipe, por sua vez, quase ordena ao piloto que volte ao seu avião. O menino sabe que vai partir, que vai deixar o deserto e quer que seu amigo também volte para casa. Os papéis se invertem, o menino cuida do homem!

Eles sabem que estão em um momento de passagem e conforme o ritual ensinado pela raposa, o principezinho marca o momento do retorno do amigo. A psique precisa ritualizar as transformações profundas, senão o risco de perder-se no caminho é muito grande.

O piloto deve voltar ao anoitecer e o menino estará esperando por ele; lembrando-se da raposa, vai trabalhar em seu avião sabendo que em breve irá chorar.

Sorriso como legado

"Ao lado do poço havia a ruína de um velho muro de pedra",[83] descreve o escritor em seu livro. O principezinho está sentado sobre ele quando o piloto volta, no fim da tarde.

O muro é símbolo de separação. Marca o limite entre territórios, casas, cidades. Separa os que ficam daqueles que vão. Interrompe a comunicação, define fronteiras.

Muralhas célebres marcaram a história da humanidade. O muro de Berlim, na Alemanha, separava ideologias. As muralhas da China, a única obra humana vista do espaço, tinham o objetivo de salvaguardar o país de invasões inimigas. O Muro das Lamentações, ruínas do templo sagrado erigido por Herodes em Israel e localizado no limite entre a Jerusalém judaica e a muçulmana, é um monumento religioso que até hoje é visitado por religiosos e turistas, que ali depositam pedidos e orações. Sem falar na mítica muralha de Troia (atual Turquia), construída pelo deus Poseidon, para abrigar os tesouros e proteger a população da cidade.

O poço e o muro estão lado a lado. A água da vida e a separação aparecem no mesmo cenário, o que indica o intercâmbio entre esses aspectos constitutivos da trajetória do piloto e do menino. A vida e a morte estão juntas no processo de individuação; nossos heróis estão

---

[83] SAINT-EXUPÉRY, 2009, p. 81.

nesse caminho. Cada um a seu tempo desenvolve competências para que surja o novo.

O piloto ouve o menino conversando, mas não consegue ver com quem. Escuta apenas que se trata de um contrato de morte. Quando finalmente vê que era a serpente a interlocutora do principezinho, seu coração fica apertado.

Ele ajuda o menino a sair de cima do muro e o toma nos braços. Sente que seu coraçãozinho bate intensamente, está pálido, e o abraça.

Mesmo decidido, o príncipe sofre pela separação e pela dor do amigo. É como se ele precisasse sentir seu pequeno corpo fundido ao corpo do piloto. Coração com coração, na mesma frequência.

Mais uma vez, ele lê o pensamento de seu amigo e antecipa a notícia do inesperado conserto do avião. Sabe que, agora, o piloto vai poder voltar para casa.

"– *Eu também volto hoje para casa*"[84], diz o menino dourado.

O piloto ainda está com o Pequeno Príncipe nos braços, mas sente como se ele escorregasse para um abismo inevitável. É um momento de muita dor e medo.

O menino e o homem, polaridades de um mesmo eixo, estão muito próximos, mas algo de extraordinário está para acontecer. Jung[85] diz que o arquétipo da criança é, ao mesmo tempo, retrospectivo e prospectivo. A criança que o piloto fora outrora, cuja imaginação fora tolhida pela incompreensão dos adultos, encontra-se com outra criança, que o reconecta com o sonho, com a visão da alma, com o futuro. E essa criança deve partir para que dela emerja o que ele incorporou. A emergência de um novo símbolo não ocorre impunemente nesse caso. O ego quer manter as coisas recém-descobertas e o *Self* sabe que as mudanças não podem parar. Para tanto é preciso morrer para renascer transformado.

O diálogo que se segue é sensível e dolorido. O Pequeno Príncipe tenta proteger o piloto da dor de vê-lo partir assim, de forma tão irreversível, mas isso não é possível, pois o piloto quer estar com ele até o último

---

[84] SAINT-EXUPÉRY, 2009, p. 82.
[85] JUNG, 2008.

minuto. Não vou abandoná-lo, repete ele, uma, duas, três vezes e, de fato, não o faz. Vai inteiramente consciente para o momento da passagem.

O príncipe avisa que será difícil, que parecerá morto, mas que, na verdade, não estará. Apenas vai abandonar sua casca, o essencial continuará vivo.

O piloto é pura dor e tristeza. Quer continuar ouvindo o riso do menino, acha que será insuportável ficar sem ele. O riso do menino é para ele como uma fonte no deserto.

Suavemente, o principezinho começa a falar de tudo que compartilharam. Levará com ele o carneiro, a caixa e a focinheira; levará também o som da roldana do poço cuja água foi melhor que uma festa. Explica que seu planeta está bem acima deles, que não pode ser visto, mas que todas as estrelas vistas da Terra podem ser o seu lar.

Acima de tudo, diz ele, precisa voltar para sua rosa, porque é responsável por ela, tão indefesa e ingênua...

São os momentos compartilhados por eles em sua jornada, são as trocas de coração para coração, são os segredos de alma manifestados que o doce menino elenca nesses últimos momentos antes de seu retorno.

Por fim, ele diz que dará um presente para o piloto. A exemplo da raposa, ele não oferece nenhum objeto, mas uma imagem que sintetiza o significado profundo do encontro deles. Ao amigo, ele oferece o seu sorriso. Diz que estará rindo para ele de sua estrelinha e, como não é possível saber qual é ela, o piloto terá todas as estrelas sorrindo para ele, como guizos tilintando no céu estrelado. Cada estrela será para ele um riso solto e feliz, *"montes de pequenos guizos que sabem rir...".*[86]

O príncipe, por sua vez, também terá todas as estrelas para olhar e imaginar que, em cada uma, há um poço com água fresca, no qual vê seu amigo a lhe dar de beber.

Toda a conversa é sobre o que não se vê, mas que existe na imaginação, portanto, é pura verdade!

Chega a hora da partida. Embora o menino tente sair sem ser visto, o piloto o segue. Estão graves, silenciosos e com medo. Chegam ao local marcado e sentam-se; estão exauridos pela emoção intensa. Quando chega

---

[86] SAINT-EXUPÉRY, 2009, p. 86.

a hora, o Pequeno Príncipe hesita um pouco, mas levanta-se e avança pela areia. O piloto está imóvel diante do inevitável e fica observando o seu amado menino dourado pela última vez.

Foi tudo muito rápido. Uma faísca amarela em seu tornozelo. Ficou imóvel por um momento, não emitiu nenhum som. Caiu suavemente, sem ruído, devido à maciez da areia.

No dia seguinte, o corpinho do príncipe tinha desaparecido. O piloto volta para casa com sua dor e seu presente de estrelas sorrindo para ele; mas não tem mais o menino para ver, tocar e se surpreender.

A morte chegara com seu caráter irreversível. Mesmo que tenha sido tudo um sonho, mesmo que tenha um ar de ambiguidade pela ausência do corpo, o piloto tem a tarefa de se haver com o amor sem objeto. A relação migrou para o campo da memória e o diálogo, agora, é com a imagem interna que ele carrega do menino.

É um novo mundo, já que ele olha as estrelas e se preocupa com o fato de ter-se esquecido de fazer uma corda para prender o carneiro. Será que ele comeu a rosa? Não, o principezinho estará sempre atento, mas, e se ele se distrair um dia? Quando se ocupa com esses problemas, ele se aproxima de seu amiguinho.

Literal ou simbólico, o confronto com a morte reclama por elaboração para que a dor não seja insuportável, paralisante. A elaboração passa por várias dinâmicas psíquicas que podem aproximar a pessoa em luto de novos significados.

O piloto e o Pequeno Príncipe fizeram um contrato de continuidade de sua amizade. As estrelas serão a ponte entre eles. Essa é uma bela metáfora da necessidade de manter a fonte dos afetos sempre jorrando.

É uma fábula de vida e morte, de viagens e encontros. E, acima de tudo, uma fábula que atesta a força da ligação amorosa como guia e destino.

A flor que torna especialmente bela uma estrela distante esteve também na Terra, no coração do menino. Ambos, flor e príncipe, estão com o piloto cada vez que este olha as estrelas. Ao mesmo tempo, para o Pequeno Príncipe, cada planeta brilhante que vê abriga seu amigo, sua raposa e um poço musicado pela roldana.

Leva um tempo para que essas lembranças deixem de doer. Mas quando forem incorporadas como constitutivas da identidade de cada um, nova viagem pode ser feita, com mais inteireza.

O tema do retorno é central nesse livro. O menino e o piloto se encontram quando um está voltando para seu lar e o outro anseia por sobreviver à pane no deserto e por voltar para casa.

O príncipe e ele são viajantes, cada um com suas demandas, mas unidos por esse atributo. O principezinho viaja por motivos desconhecidos e, ao longo da jornada, vai se delineando a necessidade de retornar para aquela que tornou impossível sua presença no asteroide. O fascínio exercido por aquela criatura estonteante talvez o tenha deixado com sentimentos de inferioridade.

Afinal, ela viera de algum lugar misterioso, era cheia de caprichos, de exigências, e ele jamais saíra dali; vivia acomodado com suas obrigações diárias. Por isso, parte em busca de conhecimento. Precisa crescer para estar pareado com ela. Em sua viagem se descobre e, inegavelmente, cresce. Sua rosa passa a ser vista em toda sua grandeza, linda e perfumada, frágil e indefesa. Ele descobre, também, que a rosa dá a ele motivo para voltar e o legitima como único naquele mundo que compartilham.

O piloto estivera apartado da própria capacidade de sonhar, imaginar, arriscar-se em tarefas desconcertantes e, sobretudo, apartado da visão do que está oculto. O menino que desenhara a jiboia digerindo um elefante há muito era só uma lembrança de frustração e isolamento. No entanto, perdido no deserto, local que percorria com frequência, ele se encontra com o que havia perdido de criativo e belo nele mesmo.

Curioso constatar como é necessário e criativo encontrar fora de si o que já existe dentro da alma e permitir que um diálogo se estabeleça e que mudanças se realizem.

O Pequeno Príncipe volta renovado para começar outro tempo com sua rosa. O casamento interno, a *coniunctio anima* e *animus*, pode, agora, acontecer em moldes diferentes e fecundos. Em *O Livro Vermelho*, Jung trava um diálogo com a alma/anima que traduz a trajetória de nosso pequeno herói:

> Minha alma, onde estás? Tu me escutas? Eu falo e clamo a ti – estás aqui? Eu voltei, estou novamente aqui – eu sacudi de meus pés o pó de todos os países e vim a ti, estou contigo; após muitos anos de longa peregrinação voltei novamente a ti. Devo contar-te tudo o que vi, vivenciei, absorvi em mim? Ou não queres ouvir nada de todo aquele turbilhão

da vida e do mundo? Mas de uma coisa precisas saber, uma coisa que eu aprendi: que a gente deve viver esta vida.

Esta vida é o caminho, o caminho de há muito procurado para o inconcebível, que nós chamamos divino. Não existe outro caminho, todos os outros caminhos são trilhas enganosas. Eu encontrei o caminho certo, ele me conduziu a ti, à minha alma. Eu volto retemperado e purificado. Tu ainda me conheces? Quanto durou a separação! Tudo ficou tão diferente! E como te encontrei? Maravilhosa foi minha viagem. Com que palavras devo descrever-te? Por que trilhas emaranhadas uma boa estrela me conduziu a ti? Dá-me tua mão, minha quase esquecida alma. Que calor de alegria te rever, minha alma muito tempo renegada! A vida reconduziu-me a ti. Vamos agradecer à vida o fato de eu ter vivido, todas as horas felizes e tristes, toda alegria e todo sofrimento. Minha alma, contigo devo continuar minha viagem. Contigo quero caminhar e subir para minha solidão.[87]

O piloto, por sua vez, depois de sua aventura no deserto, volta reconciliado com a criança que fora outrora, com autorização interna para sonhar, imaginar, errar, amar e viver poesia. Volta para sua casa, volta para sua alma.

Os biógrafos de Saint-Exupéry comentam que o temperamento da rosa do livro tem muitas semelhanças com sua esposa, Consuelo. Podemos supor que escrever esse livro permitiu ao autor revisitar sua alma perdida. O piloto e o menino brotaram das imagens que há muito tempo pediam por expressar-se.

Ao partir para a guerra, Saint-Exupéry entregara um pequeno papel manuscrito para sua esposa, Consuelo. Era uma prece, que ele escreveu no feminino, como se fosse ela, pedindo-lhe que a repetisse todas as noites. Ele nunca voltou, morreu no ar. Sua rosa ficou com seus últimos desejos em forma de oração:

---

[87] JUNG, C. G. *O livro vermelho*. Petrópolis: Vozes, 2013. p. 116.

SENHOR, não vale a pena cansar-vos demais; fazei-me simplesmente como sou. Tenho um ar vaidoso para pequenas coisas, mas nas grandes coisas sou humilde. Tenho um ar egoísta nas pequenas coisas, mas nas grandes coisas sou capaz de dar-me toda, até a minha vida. Tenho o ar pecaminoso nas pequenas coisas, mas só sou feliz na pureza.

SENHOR, fazei-me semelhante à imagem que meu marido tem de mim.

SENHOR, salvai o meu marido porque ele me ama verdadeiramente e porque sem ele ficarei órfã. Mas fazei, Senhor, que ele seja o primeiro de nós dois a morrer, porque tem o ar assim tão sólido, mas fica muito angustiado se não me ouve fazer barulho pela casa.

SENHOR, poupai primeiro a angústia; fazei com que eu faça sempre barulho pela casa, ainda que eu quebre ocasionalmente qualquer coisa.

Ajudai-me a ser fiel e a não procurar aqueles que ele despreza ou os que o detestam. Isso lhe dá azar, porque fez da minha vida a sua.

Protegei, Senhor, a nossa casa.

Sua Consuelo. Amém.[88]

---

[88] DRYZUN, 2009.

A ALMA DA TEORIA, A TEORIA DA ALMA

Entender uma coisa é ponte e possibilidade de voltar ao trilho. Mas explicar uma coisa é arbitrariedade e às vezes até assassinato.[89]

Carl Gustav Jung

O Pequeno Príncipe é uma fábula que toca instâncias profundas da alma e é, também, um relato de encontro de almas. Para Jung, alma é o mesmo que psique.

> É a atitude que a consciência assume em relação ao inconsciente e mais, em geral, a atitude que o sujeito assume em relação ao próprio mundo interior e à própria vida privada que é tecnicamente chamada de "atitude interna".[90]

> Denomino com o termo alma a atitude interior, isto é, a forma e o modo com os quais alguém se comporta em relação aos processos psíquicos internos [...] o caráter que apresenta ao inconsciente. [...] A relação do indivíduo com a própria individualidade. [...] A função natural da alma consiste em estabelecer uma ligação entre a consciência e o inconsciente.[91]

O piloto e o menino, nessa perspectiva, entraram em contato com o que estava oculto neles mesmos ou, por outras palavras, experimentaram o intercâmbio da consciência com o material inconsciente. Como escreveu Jung, a ponte entre ego, centro da consciência e o desconhecido é feita pela alma. Esse é seu trabalho e destino natural. Hillman discorre longamente sobre a alma, sua natureza e sua expressão:

---

[89] JUNG, 2013.
[90] JUNG, 1921, VI, par. 756.
[91] *Ibidem*, par. 758.

> [...] por alma entendo, antes de mais nada, uma perspectiva mais do que uma substância, um ponto de vista sobre as coisas mais do que a coisa em si. [...] a alma é um conceito deliberadamente ambíguo que resiste a toda definição, da mesma maneira que os símbolos elementares que fornecem as raízes metafóricas para os sistemas do pensamento humano.
>
> [...] não somos capazes de usar a palavra de uma maneira não ambígua, mesmo que usemos o termo para nos referir àquele fator humano desconhecido que torna possível o significado, que transforma eventos em experiências e que é comunicado no amor.
>
> [...] a alma refere-se ao aprofundamento de eventos em experiências; [...] a significação que a alma torna possível, seja em assuntos do amor ou religiosos, deriva da sua particular relação com a morte. [...]. Por alma entendo a possibilidade imaginativa em nossa natureza, o experimentar através de especulação reflexiva, de sonho, imagem, e fantasia – aquele modo que reconhece todas as realidades como primariamente simbólicas ou metafóricas.[92]

O olhar poético do autor n'*O Pequeno Príncipe* nos leva a recuperar a alma no cenário das relações intra e extra psíquicas. Os mundos do piloto e do príncipe se tocaram, interpenetraram-se de tal forma que eles puderam perceber que era um único mundo, no qual havia personagens, segredos, delicadezas e afetos que descortinaram a experiência do encontro *almado*.

A alma do conto passa pelo tema do herói, pela criança, pelo par anímico e pelo encontro de amigos. Todo esse caminho leva ao encontro da singularidade de cada um, portanto, é um conto de individuação.

O príncipe e o piloto realizam uma trajetória heroica, mas não são heróis conquistadores a serviço do coletivo. São, por sua vez, pessoas que atendem a um chamado interno. São aventureiros, buscadores. "São heróis da dinâmica de Alteridade ou da dinâmica do Coração.

---

[92] HILLMAN, 1973, p. 40-41.

Buscam a *coniunctio* com o Si mesmo, pois como os Cavaleiros de Arthur, buscam o Graal".[93]

O aviador é, por definição, alguém que se ocupa de burlar a natureza. Voar não é atributo humano e, como o processo de individuação, consoante Jung, é uma *opus contra natura*. No entanto, depois de muitas viagens e riscos superados, o piloto se vê diante de um desafio inédito. O mistério se apresenta em forma de um menino e ele teve que buscar meios para desvendá-lo. O que ele descobre, acima de tudo, é um novo caminho, uma nova fonte de afetos e olhares povoados pelo sonho e pela fantasia.

O Pequeno Príncipe sai em busca de conhecer, aprender coisas. O seu planeta parece ter ficado estreito. O espaço que a rosa ocupa é muito grande, embora ela seja apenas uma flor, mas é o espaço dentro dele que está pequeno. O herói atende ao chamado para buscar a amplitude, para promover a inclusão na consciência de demandas adormecidas.

Segundo Alvarenga, "o herói sabe, porque sempre soube, qual a façanha que deverá executar; já nasce com o seu saber destino. Seu caminhar para a gesta heroica será sempre o reclamo arquetípico pelo buscar seu nome, sua identidade própria".[94] Assim, cada um foi ao encontro de sua identidade secreta. Foi ao encontro do que era invisível para os olhos, para o que estava oculto em suas almas.

Segundo Jung, o herói é um ser quase humano que simboliza as ideias, formas e forças que moldam ou dominam a alma.

Numa visão intrapsíquica, ele representa a vontade e a capacidade de procurar e suportar repetidas transformações em busca de totalidade ou significado. Portanto, às vezes, parece ser o ego; outras vezes o Self. É o eixo Ego-Self personificado. A totalidade de um herói implica não somente capacidade de resistir, mas também sustentar conscientemente a tremenda tensão dos opostos.[95]

---

[93] ALVARENGA, 2015.

[94] ALVARENGA, M. Z. *O Graal, Arthur e seus cavaleiros*. São Paulo: Casa do Psicólogo, 2008. p. 101.

[95] SAMUELS *et al.*, 1998, p. 88.

Nessa trajetória de enfrentamentos, o adulto reencontra sua criança. Quando falamos em encontrar a criança interna, há que se salientar o fato de que o arquétipo da criança é composto de uma multiplicidade de aspectos que vão muito além da visão de leveza, inconsequência, ingenuidade e vulnerabilidade que o olhar coletivo atribui à criança.

O motivo da criança passa por esses atributos, mas é muito maior. Segundo Jung,[96] o tema da criança tem uma fenomenologia específica, que inclui o abandono, a invencibilidade, o hermafroditismo, o princípio e o fim. Assim, resgatar a criança significa permitir que essas questões entrem para o campo da consciência.

O piloto teve uma experiência frustrante em sua infância. Quando os adultos não compreenderam o seu desenho, talvez aí ele tenha tido seu primeiro contato com a solidão. Esse sentimento doloroso, porém, é um prenúncio do encontro com a própria singularidade. Para uma criança, é muito difícil suportar essa dor, então, a tendência é submeter-se à supressão da criatividade. O medo do abandono é soberano, então, se os adultos, os protetores, os deuses que sustentam os pequeninos apontam para uma crítica ou descaso, a criança se apavora.

> [...] a criança é dotada de um poder superior e que se impõe inesperadamente, apesar de todos os perigos. A criança nasce do útero do inconsciente, gerada no fundamento da natureza humana, ou melhor da própria natureza viva. É uma personificação de forças vitais, que vão além do alcance limitado da nossa consciência, dos nossos caminhos e possibilidades, desconhecidos pela consciência e sua unilateralidade, e uma inteireza que abrange as profundidades da natureza. Ela representa o mais forte e inelutável impulso do ser, isto é, o impulso de realizar-se a si mesmo.[97]

A criança reativada no piloto em seu encontro com o príncipe concorre para a realização do processo de individuação dele, uma vez que foi uma presença que o impulsionou a retomar o trilho perdido.

---

[96] JUNG, 2008.
[97] JUNG, 1998, v. IX/I, par. 289.

É um encontro anímico entre amigos. Cada um deles ansiava por isso. Para o menino, era uma busca consciente, para o piloto, uma carência negada. O Pequeno Príncipe dizia procurar amigos, mas só entendeu o real significado disso depois de seu encontro com a mestra raposa. O aviador, instigado por aquela criança misteriosa, descobre o que sequer sabia querer e experimenta o nascimento do amor por um parceiro inusitado. Ele pôde abrir-se para o outro, ao mesmo tempo em que se abriu para os seus férteis campos internos, abandonados ao longo do tempo.

A relação de amizade é inegavelmente fertilizadora. É um tema que se repete em muitos momentos míticos, especialmente no encontro entre heróis. Cada um concorre para a realização dos reclamos da alma do outro. E, uma vez cumprida a jornada, um novo tempo se inaugura. Podemos dizer que filhos simbólicos surgem, apontando para uma nova viagem. São filhos nascidos do casamento interno de cada um mobilizado por esse encontro. O casamento interno acontece quando o casal anímico está constelado.

> A anima cria, inventa. O animus faz, realiza. A anima é o "coração e o pensamento". O animus é "o verbo, a ação". Quando o casal anímico pontifica, a coniunctio se torna uma possibilidade e reclama por atualizar-se na consciência. O casamento interno produz o filho do tempo novo.[98]

Nas relações de amizade entre pessoas do mesmo sexo podemos ver a emergência das demandas de anima e animus. O fascínio provocado por um parceiro mobiliza ações no sentido de construir laços. Estes, por sua vez, atualizam conteúdos internos impensados e favorecem a *coniunctio* com o si mesmo e o surgimento de novos sentidos. Os laços construídos com o outro levam ao conhecimento de personagens internas, anteriormente desconhecidas e tidas como estranhas ao ego. A ligação com o outro interno e externo mobiliza diferentes instâncias arquetípicas, amplia o campo de experimentação da alma e conduz à individuação. Para Jung,[99] "a individuação é o tornar-se 'um' consigo mesmo, e ao mesmo tempo com a humanidade toda, em que também nos incluímos".

---

[98] ALVARENGA, 2015, p. 10.

[99] JUNG, C. G. *A prática da psicoterapia.* Petrópolis: Vozes, 2011. XVI, p. 227.

Em *O Livro Vermelho*, talvez sua obra mais poética, Jung[100] conversa com sua anima e a chama de criança, de moça e até de Deus. É um diálogo que poderia ser dito tanto pelo príncipe como pelo piloto, já que toca nas profundezas da alma e no questionamento suscitado pela atitude reflexiva necessária para conferir significado à jornada:

> Andei durante muitos anos, tanto que esqueci que possuía uma alma. Onde estavas tu neste tempo todo? Que além te abrigava e te dava guarida? Oh, que tu tenhas que falar através de mim, que minha linguagem e eu sejamos para ti símbolo e expressão! Como devo decifrar-te?
>
> Quem és tu, criança? Como criança, como menina, meus sonhos te representaram; nada sei do teu mistério. Perdoa, se falo como em sonho, como um bêbado – tu és Deus? Deus é uma criança, uma moça? Perdoa, se falo coisas confusas.
>
> [...]. Como soa estranho para mim chamar-te criança, tu que seguras em tua mão coisas infinitas. Eu andei pelos caminhos do dia e tu foste invisível comigo, unindo significativamente pedaço a pedaço e fizeste-me ver em cada pedaço um todo.[101]

---

[100] JUNG, 2013.
[101] *Ibidem*, p. 119-120.

Se, de repente, um menino vem ao encontro de vocês, se ele ri, se tem cabelos dourados, se não responde quando é perguntado, adivinharão quem ele é. Façam-me então um favor! Não me deixem tão triste: escrevam-me depressa dizendo que ele voltou...

Antoine de Saint-Exupéry

AO ENCONTRO DA REDENÇÃO

Descobrir a relação entre Chapeuzinho Vermelho, Joana D'Arc e o Pequeno Príncipe em minha alma foi a proposta inicial do presente livro.

Não há dados sobre Chapeuzinho, por ela ser criança e sobre como ela constrói vínculos. Ela se relaciona com a mãe e a avó, mas estes são vínculos dados, naturais das relações familiares. Sua atitude transgressora colocou-a diante do lobo, símbolo de um masculino enganador, destrutivo, devorador. Foi salva pelo caçador, um antigo conhecido de sua avó e, novamente, acolhida pela proteção da família. Ela sai diferente da experiência, menos ingênua, mas sua redenção dependeu da presença de adultos protetores.

Joana D'Arc, por sua vez, não vincula. Ela assume a luta pela justiça em nome de Deus, busca a solução de suas feridas pelo confronto. Sua irmã foi violentada e morta e ela busca a redenção tentando subjugar aqueles que cometeram esse crime. Foi abandonada pela Igreja Católica e seus compatriotas para, finalmente, ser morta na fogueira. Seu vínculo maior era com sua ideologia e sua fé, não com pessoas. Deixa a família para entrar na guerra, brandir a espada, ser mais "um" no campo de batalha. Não tem, ao contrário de Chapeuzinho, o conforto da sensação de pertencimento. Ela busca o poder e, onde há poder, não há espaço para o amor. No fim, ela sucumbe a um poder maior.

O Pequeno Príncipe aprende com a raposa a importância dos vínculos para a experimentação do efeito do amor. Mais do que isso, aprende como estabelecer esses vínculos. Em sua jornada, experimenta diferentes formas de contato com o outro, mas só compreende o significado real de sua busca por um amigo quando conhece sua mestra raposa. Ele havia saído de seu pequeno mundo, deixado sua rosa e seu planeta para trás e, depois de muito caminhar, entende que precisava voltar, reconectar-se com suas raízes, retomar o vínculo com sua rosa. Entende que pertence a esse lugar para o qual dedicara seu tempo e atenção e do qual saíra quando precisou crescer e saber mais de si mesmo. Sua redenção está na entrega ao chamado de seu coração. Morre e renasce para casar-se com sua rosa, sua maior expressão de *anima*.

O piloto não fala claramente sobre batalhas e guerras, mas Saint-Exupéry coloca no livro sua preocupação com os baobás, uma alusão velada ao perigo nazista. O autor-piloto é pacifista, guerreiro ocasional e crítico da insanidade do poder absoluto. O aviador, então, aparece sozinho no deserto, numa situação de risco extremo. Está longe de todas as suas referências externas, está pronto para acolher a inesperada aparição dessa criança divina e com a chance de encontrar um caminho de redenção.

Chapeuzinho Vermelho e Joana D'Arc enfrentam aspectos do masculino. São mulheres num mundo dominado pela dinâmica patriarcal.

A menina vive cercada de mulheres. A mãe, que sabe dos perigos do trajeto e falha na orientação de sua filha. A avó, que mora longe, dentro da floresta, no reino do inconsciente. A menina transgressora deixa-se enganar, é devorada, corre risco de morte e é salva pelo caçador. O lobo e o caçador são polares, já que um é ladino, agressivo, perigoso, e o outro é forte, leal, protetor.

A guerreira escolhe o enfrentamento, a guerra, o confronto. Joana também é transgressora, ouve vozes, luta, é traída pela Igreja. Entra para a História como uma heroína-santa, torna-se imortal.

Ambas as heroínas se unem com a presença da criança divina, condutora de um caminho de aproximação dos opostos. O Pequeno Príncipe as resgata. A menina e a guerreira podem ser vistas como complementares. A polarização aparente entre elas ganha novo sentido.

A fábula d'*O Pequeno Príncipe* é uma história de homens. As figuras femininas do conto são a serpente, a raposa e a rosa, aspectos complementares da *anima* do grande menino; todas as demais personagens são masculinas. O rei, o vaidoso, o bêbado, o empresário, o acendedor de lampiões, o geógrafo, o manobrista de trens, o vendedor de pílulas contra a sede e, por fim, o piloto, povoam a jornada do principezinho.

Cada um apresenta um aspecto do mundo dos homens, cada um expressa um complexo e cada um passa a fazer parte do repertório de vivências do menino herói. É um passeio por possibilidades de expressão de um masculino defensivo e enrijecido.

No entanto, na relação com o piloto, outra realidade se apresenta. O pequeno viajante enche de poesia a alma do aviador, um adulto envolvido com coisas sérias, cuja imaginação e criatividade estavam adormecidas. O encontro deles é terno, afetivo, profundo. É o encontro de um menino crescendo sem perder sua luz e sua alegria com o homem ávido de desamarrar seu coração e beber da fonte da fantasia, da imaginação e do mistério. Um encontro de amor. A emergência de um masculino criativo, fertilizador, protetor e corajoso.

Em contraposição às mulheres ameaçadas das outras histórias citadas, ameaças estas claramente originadas por aspectos da dinâmica patriarcal defensiva, as figuras femininas n'*O Pequeno Príncipe* têm um caráter totalmente diferente. São plenas em sua singularidade. A rosa é bela, intrigante e inspiradora, é a guia de toda jornada: ida e volta. A raposa é sábia e mestra nos assuntos do coração. A serpente é a senhora das transformações irreversíveis. No contato com elas, o menino se aproxima de si mesmo e promove no piloto um movimento similar.

Um masculino terno, determinado e acolhedor, um feminino pleno, multifacetado e amoroso, estão especialmente presentes nessa fábula.

Desse casamento nasce a esperança de ir além, de transcender as feridas. Nasce a fé na importância de criar vínculos com o que não é evidente, de descobrir qual guizo povoa o sorriso da estrela que brilha no coração de cada um. Nasce a coragem delicada, nasce a dor sem desespero, nasce o inesperado, nasce a completude.

REFERÊNCIAS

ALVARENGA, M. Z. *O Graal, Arthur e seus cavaleiros*. São Paulo: Casa do Psicólogo, 2008.

ALVARENGA, M. Z. *Anima-animus e o desafio do encontro*, v. 33/1. São Paulo: Junguiana, 2015.

ARMSTRONG, K. *Breve história do mito*. São Paulo: Companhia das Letras, 2005.

BONDER, N. *A alma imoral*. Rio de Janeiro: Rocco,1998.

BONDER, N. *A cabala da comida, do dinheiro e da inveja*. Rio de Janeiro: Imago, 1999.

CAMPBELL, J. *Mito e transformação*. São Paulo: Ágora, 2008.

CHEVALIER, J.; GHEERBRANT, A. *Dicionário de símbolos*. Rio de Janeiro: José Olympio, 1990.

CRETELLA JUNIOR, J.; CINTRA, G. de U. *Dicionário Latino-português*. São Paulo: Cia Editora Nacional, 1953.

DRYZUN, S. *Antoine de Saint-Exupéry e o Pequeno Príncipe*. São Paulo: Pedran'água, 2009.

FIORES, S.; GOFFI, T. *Dicionário de espiritualidade*. São Paulo: Paulinas, 1989.

FREITAS, D. E. M. *Autobiografia*. São Paulo: SBPA, 2009.

HILLMAN, J. *Psicologia arquetípica*. São Paulo: Cultrix, 1998.

HILLMAN, J. *O livro do Puer*. São Paulo: Paulus, 2008.

HOUAISS, A. *et al. Dicionário Houaiss da Língua Portuguesa*. Rio de Janeiro: Objetiva, 2001.

JOHNSON, H. *A história do vinho*. São Paulo: Companhia das Letras, 1999.

JUNG, C. G. *Símbolos da transformação*. OC, v. V. Petrópolis: Vozes, 1973.

JUNG, C. G. *A vida simbólica*. OC, v. XVIII/I. Petrópolis: Vozes, 1998.

JUNG, C. G. *Os arquétipos e o inconsciente coletivo*. OC, v. IX/I. Petrópolis: Vozes, 2008.

JUNG, C. G. *A natureza da psique*. OC, v. VIII/II. Petrópolis: Vozes, 2009.

JUNG, C. G. O *Livro Vermelho*. Petrópolis: Vozes, 2013.

JUNG, C. G. *Memórias, sonhos e reflexões*. Rio de Janeiro: Nova Fronteira, 2006.

JUNG, C. G. *Tipos psicológicos*. Petrópolis: Vozes, 1991.

JUNG, C. G. *A prática da psicoterapia*. Petrópolis: Vozes, 2011.

MIYAZAKI, H. Prefácio. *In: Rascunhos de uma vida*, Saint-Exupéry, 2012.

NOWEN, H. J. M. *A espiritualidade do deserto e o ministério contemporâneo*. São Paulo: Edições Loyola, 2004.

PAZ, O. *Soror Joana Inés de la Cruz*. São Paulo: Mandarim,1998.

PIERRE, P. F. *Dicionário Junguiano*. São Paulo: Paulus, 2002.

QUESNEL, M. *Saint-Exupéry ou la vérité de la poésie*. Paris: Plon, 1964.

SAMUELS, A. *et al. Dicionário crítico de análise junguiana*. Rio de Janeiro: Imago, 1998.

SAINT-EXUPÉRY, A. *O Pequeno Príncipe*. Rio de Janeiro: Agir, 2009.

SAINT-EXUPÉRY, A. *O Pequeno Príncipe*. São Paulo: Geração Editorial, 2015.

SAINT-EXUPÉRY, A. *O Pequeno Príncipe*. São Paulo: Companhia das Letrinhas, 2015.

SAINT-EXUPÉRY, A. *Rascunhos de uma vida*. São Paulo: Tordesilhas, 2012.

SAINT-EXUPÉRY, A. *Terra dos homens*. Rio de Janeiro: José Olympio, 1980.

SAINT-EXUPÉRY, A. *Carta a um refém*. Lisboa: Relógio d'Água, 2015.

VIRCONDELET, A. *A verdadeira história do Pequeno Príncipe*. São Paulo: Novo Século, 2008.